元宇宙变现

成为互联网新世界的头号玩家

陈汉江　管鹏　陈鑫◎著

民主与建设出版社
·北京·

图书在版编目（CIP）数据

元宇宙变现：成为互联网新世界的头号玩家 / 陈汉江, 管鹏, 陈鑫著. ––北京：民主与建设出版社，2022.8

ISBN 978-7-5139-3958-4

Ⅰ.①元… Ⅱ.①陈… ②管… ③陈… Ⅲ.①信息经济 Ⅳ.①F49

中国版本图书馆 CIP 数据核字（2022）第 169023 号

元宇宙变现：成为互联网新世界的头号玩家
YUANYUZHOU BIANXIAN CHENGWEI HULIANWANG XINSHIJIE DE TOUHAO WANJIA

著　　者	陈汉江　管　鹏　陈　鑫
责任编辑	刘树民
封面设计	金　刚
出版发行	民主与建设出版社有限责任公司
电　　话	（010）59417747　59419778
社　　址	北京市海淀区西三环中路 10 号望海楼 E 座 7 层
邮　　编	100142
印　　刷	文畅阁印刷有限公司
版　　次	2022 年 8 月第 1 版
印　　次	2022 年 8 月第 1 次印刷
开　　本	710 毫米 × 1000 毫米　1/16
印　　张	14.5
字　　数	170 千字
书　　号	ISBN 978-7-5139-3958-4
定　　价	68.00 元

注：如有印、装质量问题，请与出版社联系。

万物皆可元宇宙

元宇宙究竟有多火？

如果举例来说，在2021年年底由优酷和香港邵氏影业联合出品的热播警匪系列剧《飞虎3》中，警方打击的对象通过全息投影技术与警方谈判，并在谈判失败后通过该技术瞬间消失得无影无踪。这些都暗含了元宇宙的元素。于是，敏感的网友立刻发出了"全息投影""元宇宙"等弹幕，大家对元宇宙概念的敏感度由此可见一斑。

2021年12月28日，中国人民大学国家版权贸易基地盘点了"2021年度十大关键词"，其中就包括"元宇宙""NFT"等。称2021年为"元宇宙元年"，想必没人会反对。可以预见，我们将有幸站在互联网转型的十字路口，共同见证未来技术迭代带来的无限机遇。

实际上，元宇宙并非新概念，它起初源自小说和电影中的一个科幻概念，但一直未被大众熟知。如今，随着互联网、相关设备和技术的不断成熟，全球头部科技企业纷纷将发展战略和投资重心转向元宇宙。2021年8月，字节跳动以天价收购了创业公司Pico，国内二级市场就此被点燃。2021年10月，Facebook创始人将公司更名为"Meta"，又为"燃烧"着的元宇宙添了一把火。至此，元宇宙成为一夜爆红的热门话题，并频繁出现在我们的视野里，引得国内相关企业和机构摩拳擦掌、跃跃欲试。

时至2021年年末，与元宇宙相关的事件依然在不断涌现：

2021年12月21日，上海市委经济工作会议指出，各大企业应加紧探索未来虚拟世界与现实社会相交互的重要平台，适时布局切入元宇宙与VR方向。

2021年12月25日，三亚市政府与网易达成了战略合作协议，2022年将共同建设网易元宇宙产业基地项目。一方面可以推进网易在元宇宙产业的布局进度，另一方面可以推动海南数字化文创产业高质量发展。

2021年12月27日，百度召开了Create暨AI开发者大会，并首次举办元宇宙论坛。在开幕式上，百度创始人李彦宏化身"神族"的数字人，完美地展现了"时空瞬移"。会上，百度还发布了首个国产元宇宙产品"希壤"App，并正式面向所有用户开放，实现了10万人同屏互动。

如此看来，元宇宙这把火不仅火苗旺盛，而且更有星火燎原之势。与此同时，国内企业掀起了抢注元宇宙商标的热潮，"王者元宇宙""有道元宇宙""冷酸灵元宇宙"等各种各样的商标层出不穷。从商标的前缀来看，一些人在移动互联网世界难以实现的梦想，极有可能随着元宇宙的不断发展而变为现实。

客观地说，元宇宙背后对应的是社会因素和底层技术的支撑。一方面，由于全球疫情持续等原因，越来越多的线下生活或内容转移到线上并逐步普及，人们停留在虚拟空间的时间变得更长，"云生活"占用的时间比例也在不断攀升。应用到具体的场景中，从在游戏中参加虚拟演唱会到在虚拟空间以虚拟形象参加会议，人们已从过往案例中得出预判：随着虚拟与现实的界限不断被打破，元宇宙可能会颠覆原本的生活方式。另一方面，随着近年来5G通信、人工智能、区块链、XR等底层技术的落地应用，无疑加速了元宇宙时代的到来。

英国经济学家罗纳德·哈里·科斯（Ronald H. Coase）曾说过："清楚界定的权利才是市场交易的关键前提"。不得不说的是，尽管人们对元宇宙这一热词已经耳熟能详，但迄今各界仍没有给出关于元宇宙的精准定义，并且各种声音此起彼伏。但不可否认的是，尽管元宇宙目前还属于尚未成型的事物，但未来一定会拥有无限的可能。

2021年12月8日，比尔·盖茨在年终信中提到，"未来两到三年内，大多数虚拟会议将转向元宇宙。"与此同时，他还预测元宇宙的兴起将在未来改变人们的工作方式。

那么在不远的将来，元宇宙发展的方向是什么？在奔赴元宇宙事业之前，我们有必要先弄清楚将面临的一些至关重要的问题：

第一，在元宇宙中赚钱和在现实中赚钱有什么区别？

第二，在元宇宙中，我们怎么才能赚到钱？

先说第一个问题，在元宇宙的世界，所有存在的事物可能都只是一串代码，人类身体上的优势或缺陷都不再那么重要。例如，你很漂亮/帅气，在元宇宙里你可以自定义自己的容貌，假如你身体的某个部位有残疾，在元宇宙里，你可以成为和他人一样健全的人。因为，人类在元宇宙中只是被设定好的代码，在大部分情况下肉身的区别并不大。

此外，那些传统行业已有的赚钱方式也可能被颠覆。在元宇宙中不需要办公场地或是工厂，人人都可以居家办公，甚至公司的概念在未来某一天也可能会消失。还有更多例子，大家可以继续翻阅后面章节的内容，在此就不一一列举了。

我们在元宇宙中怎样赚钱？为了早日实现元宇宙，我们还需要突破哪些技术瓶颈？未来的元宇宙形态将为我们带来哪些新机遇？翻开这本书，你不仅可以了解元宇宙的前世今生，还可以在下一代互联网形态的发展趋势下，看清未来的创业、投资方向，成为未来互联网美丽新世界的"头号玩家"。本书共分为溯源Metaverse、元宇宙变现的商业逻辑、元宇宙变现的路径、正在发生的未来四大板块，从历史、实例、技术、变现、趋势等不同维度切入，深度剖析元宇宙的变现之道，引领各位"玩家"走出元宇宙的重重迷阵，避免创业、投资的雷区。同时，通过对Facebook、微软、苹果、百度、腾讯、字节跳动、华为、网易、阿里巴巴、英伟达等企业的大量案例进行研究，客观并且前瞻性地分析了这些"独角兽"公司打造元宇宙生态的宝贵经验。在此，也希望这本书能成为更多人了解元宇宙的渠道和通往元宇宙的入口。

应当说，尽管目前元宇宙产业还远远达不到自洽和开放的理想境界，抑或在技术、法律、道德等多方面还有很长一段路要走。然而，科技迭代、技术创新的初衷始终是为了让人类的生活更加美好。无论是个人创业也好，还是企业创新也罢，最终都要回归到解决社会问题上。换言之，问题往往意味着机遇，谁能率先解决问题，谁就能创造更大价值。

在由法国导演吕克·贝松（Luc Besson）执导，斯嘉丽·约翰逊（Scarlett Johansson）主演的科幻电影《超体》中，女主角的大脑被开发至100%，其头脑中的知识、记忆化成了一个U盘，交给了诺曼教授。女主角露西虽然变成了空气，但是没有消失。电影的结尾留下了令人深思的一句话——I'm every where，意思是"我，无处不在"。

或许，在未来不可预测的时间、空间里，一切终将过去，但一切都不会消失。"无处不在"，这大概就是我们人类努力奔赴元宇宙星辰大海的最美意义。

CONTENTS | 目录

PART 1
溯源Metaverse /001

PART 2

元宇宙变现的商业逻辑 / 087

PART 3

元宇宙变现的路径 / 111

PART 4
正在发生的未来　／ *207*

PART 1

溯源 Metaverse

第 1 章

元宇宙

——未来互联网的"美丽新世界"

在很久以前，人类很难想象，或许有一天我们可以通过 VR 或 AR 等技术去任何想去的地方，做任何想做的事，让梦想真正照进现实。

2018 年，在史蒂文·斯皮尔伯格（Steven Spielberg）导演的科幻冒险电影《头号玩家》中，来自贫民窟的少年韦德·沃兹凭借对虚拟游戏宇宙的探索，成为征战未来的头号玩家。在电影中，人们只需要通过 VR 设备就可以进入虚拟的世界——"绿洲"。

今天，各界的科技巨头和学者认为，互联网的未来新世界正是类似电影中的虚拟世界。只不过，这个虚拟世界将照进我们的现实生活，而它的名字也不是"绿洲"，而是一个全新的名词——元宇宙。

那么什么是元宇宙？它和我们现存的"网络世界"有什么不同，又有何联系？元宇宙是未来的新风口，还是巨头炒作的噱头？

在本书的开篇，我们一起溯源元宇宙及其背后的神秘产业链。

1.1 不同视角下的元宇宙

元宇宙这一概念，最早源自美国科幻小说作家尼尔·斯蒂芬森[①]于1992年出版的小说《雪崩》[②]。他在该书中创造了"虚拟实境"这一概念。

"虚拟实镜"的英文是Metaverse，由Meta（超越）+Universe（宇宙）两个部分组成。在这部小说里，主人公戴上VR设备，连接电脑，就可以进入一个平行于现实世界的虚拟空间，如图1-1所示。

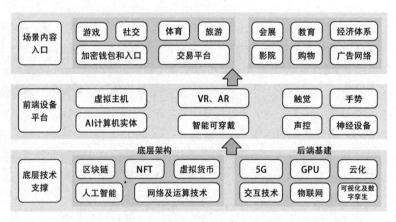

图1-1　小说中的沉浸式共享空间

①　尼尔·斯蒂芬森（Neal Stephenson），美国著名的赛伯朋克流科幻作家，在当今被电脑培养起来的IT人群中，享有不朽的声誉，其代表作品《大学》《雪崩》等。

②　《雪崩》是斯蒂芬森迄今为止最重要的作品，也是奠定他赛伯朋克宗师地位的大作。该书入选亚马孙网上书店选出的"20世纪最好的20本科幻和奇幻小说"和《商业2.0》杂志推出的"每位CEO必读的伟大书籍"。

　　这一空间有一套运作规则：人们在这个世界里有自己的身份，可以正常交易、生活和娱乐，土地可以开发，做生意同样需要许可证和资金。可以说，作者在书中绘声绘色地创造了一个沉浸式的共享空间，跨越不同的平台，设定现实中的人类可以通过数字技术与虚拟世界中的人共同生活在一个未来的虚拟空间中。小说中的这一设定，后来在科幻电影《头号玩家》中反复出现。在电影中，人们只需要通过VR设备就可以进入虚拟的世界——"绿洲"，如图1-2所示。

简介：2045年，现实世界衰退破败，人们沉迷于VR(虚拟现实)游戏"绿洲(OASIS)"的虚幻世界里寻求慰藉。马克·里斯饰演的"绿洲"的创始人临终前宣布，将亿万身家全部留给寻获他隐藏的彩蛋的游戏玩家，史上最大规模的寻宝冒险就此展开。

资料来源：Deeptech，天风证券研究所

图1-2　Metaverse概念影视作品《头号玩家》——元宇宙"OASIS"（绿洲）

　　根据作者的描述，未来的人类将在一个沉浸式的数字世界中，以任何虚拟替身的形式相互沟通，如图1-3所示。

图1-3　未来人们在沉浸式数字世界中交流①

　　那么根据作者的假设：未来，我们可以通过终端设备进入计算机模拟的、虚拟的三维"现实"中。现实世界中的所有事物都可以在数字化的技术下被复制。这样人们就

①　图片来源：视觉中国

可以通过数字技术分身，使自己在虚拟的世界里做任何在现实世界中能做的事情，以形成虚拟和现实相互影响。

回到现实中，从新冠肺炎疫情在全球爆发至今，游戏与人们生活的边界正在逐渐消弭。为此，很多学者认为要想构建一个虚拟空间，游戏或许是通往元宇宙最快的入口。例如，美国加州大学伯克利分校在"Minecraft"上让校园重现，毕业生们以虚拟的形象通过线上场景参加了一场别具一格的毕业典礼；AI界顶尖的学术会议ACAI在任天堂开发的《动物森友会》App上举行了2020年研讨会，在游戏中演讲者发表了讲话；美国著名歌手Travis Scott在游戏《堡垒之夜》中举办了一场虚拟演唱会，来自全球的上千万游戏玩家成为这场演唱会的观众。

◎ 国内外学者、企业家对元宇宙的解读

一千个读者就有一千个哈姆雷特。

当前，各界学者对元宇宙并没有公认的定义，很多人对元宇宙的看法也不一样。表1-1是国内外学者、企业家对于元宇宙的一些解读。

表1-1　国内外学者、企业家对元宇宙的解读

国内外学者、企业家对元宇宙的解读	
Baszucki （Roblox 首席执行官）	元宇宙是一个能将所有人联系起来的立体的虚拟世界，人们在这个新世界中拥有自己的数字身份，并以新的身份创造任何自己想要的东西并与人互动
	元宇宙的八大特征分别是：身份、朋友、沉浸感、低延迟、多元化、随时随地、经济系统和文明
著名分析师Matthew Ball	元宇宙具有六个特点：实时性、永续性、可连接性、可创造性、无准入限制和经济功能。元宇宙不等同于"虚拟经济""虚拟空间"，它更不只是一个UGC平台或一种游戏。元宇宙中有一个24小时在线的世界，所有人都可以同时参与。它将有自己的完整运行的数字世界和经济体系

续表

国内外学者、企业家对元宇宙的解读	
Tim Sweeney （Epic Game 首席执行官）	元宇宙是一种前所未有的参与式媒介，它自身带有公平的经济系统，所有创作者都可以参与并赚钱
腾讯CEO马化腾	虚拟世界和真实世界的大门已经打开，无论是从虚到实，还是由实入虚，都在致力于帮助用户实现更真实的体验
EricRedmond （耐克技术创新全球总监）	元宇宙跨越了现实和虚拟现实世界的数字、物理鸿沟
Luke Shabro （未来学家）	一个数字混合的、模糊的现实，具有无限的项目和角色，不受传统物理的约束，并且不可替代
Emma-Jane MacKinnon-Lee （Digitalax CEO兼创始人）	元宇宙是我们人类梦寐以求的结缔组织，是在人类生活的各个方面分层的"完全交互式现实"
Elena Piech （AMP Creative体验制作人）	元宇宙是数字与物理世界的逐渐融合。一个智能设备使我们的工作、娱乐、教育等被信息包围，这是互联网的下一次革命，同时也是生命的下一次迭代
Bosco Bellinghausen （Alissia Spaces创始人）	元宇宙是链接现实和虚拟现实世界的桥梁。未来，它将成为我们通往太空或任何地方的门户

实际上，元宇宙作为迅速发展的新事物，就像一个从不同视角看过去的多面体，从行业、技术等不同层面去分析，必然会得出不同的结论。例如，从认知的角度看，元宇宙是一种智能机器设备对现实世界的认识；从感知的角度看，元宇宙是神经元的具象化和延伸；从技术的角度看，元宇宙就是一个立体化的虚拟空间。

值得一提的是，在20世纪末期，"中国航天之父"钱学森在给汪成为院士的信中曾谈到虚拟现实技术，当时他将其称之为"灵境"。他认为灵境技术能扩大人类大脑的感知力，将带领人们进入一个全新的世界，此项技术将成为继计算机技术革命之后的又一项技术革命。其实，"灵境"在当时已经非常接近元宇宙的概念了。

根据目前各界专家、学者对元宇宙的解读，我们可以将元宇宙归结为：英文名Metaverse，即"超越现实的虚拟宇宙"，是与现实世界高度互通的、平行的虚拟世界，是一种可以超大规模链接虚拟现实的应用场景。无论是哪一种解读，可以肯定的是，未来元宇宙都是一个千形万态、栩栩如生、让人沉浸其中的美丽新世界，除了吃饭、睡觉，人们在这个虚拟世界中可以做任何事，每个人都会影响这个虚拟世界，也会被其影响。所以，人类创造元宇宙的核心目的是通过元宇宙实现现实世界的各项功能。元宇宙是移动互联网时代的一次升级和转型。

如果我们非要给元宇宙下一个定义的话，可以概括为"互联网的未来时"，因为这个词的英文前缀meta ——"元"意味着超越，彰显了它超越互联网的属性。

隔岸观火不如身临其境。如果说今天我们所能触达的互联网世界，是一个对着电脑屏幕"围观"的大千世界，是一个隔岸观火的二维世界，那么在未来的互联网新世界里，所有人都将"身临其境"。

1.2 元宇宙新生态成型需要的条件

从过去到现在，从时间到空间，各大企业以社交和游戏为起点的一系列技术创新和场景应用，正一步步地构建起虚拟与现实之间的桥梁，带给人与人、人与社会更多、更美好的链接方式。

但是，元宇宙目前尚未成型，还处于铺路基建的阶段，不足以全力支持应用端和内容端的项目逐一落地。从长远看，元宇宙生态的成型还需要一些必要条件。

◎ 元宇宙成型需要哪些条件?

元宇宙创造了与现实世界平行的虚拟世界,它是集合VR/AR、5G、区块链、云计算等多项成熟的技术和融合应用形成的高纬度产物,从广义上来讲,它是对虚拟经济的现实实践。在链接虚拟与现实世界的背后,是众多成熟且稳定的技术相互融合应用的结果。

第一,元宇宙的成型首先需要靠数字孪生技术生成现实社会镜像。

第二,元宇宙的成型需要用区块链技术搭建虚拟世界经济体系。

第三,元宇宙的成型还需要一个AR+VR+脑机接口,给用户带来沉浸式的体验。

在这些技术之上才,才有可能形成经济+社交+身份系统融合的一个虚拟现实世界。

首先,从现实世界到虚拟世界,这个阶段是将现实场景投射至元宇宙中,需要采用数字化技术,对海量数据进行拆解和碰撞,以建模的形式把现实世界刻画出来,实现数字化的现实世界。

其次,从虚拟世界到现实世界,需要应用数字孪生、AI等技术,让虚拟世界的人物和物品感知现实世界的一切,以呈现精准反馈。但要想链接最真实的元宇宙,依靠的是成熟的、稳定的数字化技术。

最后,在元宇宙的虚拟世界中同样需要对行为规则进行限定,区块链技术作为元宇宙的价值基础,不仅能够提供结算平台和价值传递机制,还可以确保价值归属与运转,从而在一定程度上保障了经济体系高效、稳定地运转。

在此基础上,元宇宙成型更离不开XR(VR、AR、MR)技术,包括强化显示技术、加强光学及电池续航等底层核心技术。在此基础上,我们还需要结合这些技术不断优化内容质量，通过打造高质量的电影、电视剧、游戏等，让用户感受更舒适的沉浸式体验。

目前，就元宇宙在技术和内容两个方面先攻破哪个，尚无定论。但不能否认，已经有众多技术距离元宇宙越来越近了。

◎ 元宇宙成型后需遵循哪些运行规则?

未来，当元宇宙攻克了技术和内容两个方面的难题时，它还将面临更严峻的考验，比如法律、商业模式、监管等问题，这都可能成为阻碍元宇宙发展的关键性因素。

相比现实世界，元宇宙的社会体系更加复杂，在很多方面将发生重大变革。换句话说，伦理、道德、法律等必须随元宇宙同步发展，否则就会带来难以想象的问题和灾难。

从社会伦理方面来看，元宇宙世界是一个自由开放、高包容度的多元世界，而现实世界中的权力构架、个体关系、矛盾冲突、组织形成等，在元宇宙的虚拟世界中仍然需要有明确的法律法规制度。所以，将元宇宙打造成现代文明社会体系是一项复杂的系统性工程。毕竟每个人的价值观念和行为方式千差万别，因此在现实世界和元宇宙之间搭建和谐健康的互动关系至关重要。

此外，从安全监管方面来看，数字网络空间还存在诸多安全隐患，比如病毒、用户隐私泄露、网络诈骗等问题；而从版权法律风险方面来看，元宇宙里的虚拟人物及物品有可能涉及肖像权和音乐、影视著作权等版权问题，这些都是我们在进入元宇宙时代之前需要考虑的问题。

很多业界学者认为，商业变现也是元宇宙世界中必须面对的问题。其中包括社交、游戏、直播等各个数字化平台的变现问题，如玩家、游戏商等相关方的利益如何分配。例如，Roblox游戏吸引了全球百万玩家注册，平台方的盈利模式主要是从玩家购买游戏角色、赋予玩家特定游戏的准入权等虚拟货币交易中进行抽成。但许多平台当下商业模式还不够清晰，需要不断优化。诚然，尽管眼下有关元宇宙特性的游戏相继诞生，但是距元宇宙概念中虚拟世界的沉浸式体验仍甚远。由此可见，生态资源分散问题也是制约元宇宙目标实现的重要问题。

近年来，越来越多的企业开始布局元宇宙，但建设元宇宙的条件还有许多未能满足。具体来说，元宇宙的生态构建需要平台、基础设施、应用协议等多方面的支持。企业唯有看清趋势和规律才能扬长避短，进而通过加大技术基础研究来攻破技术难关，以成熟、稳健的姿态逐步迈向元宇宙赛道。

无论何时何地，元宇宙这个庞大的基建工程都不是某个企业或组织独自就能完成的。未来元宇宙的搭建，任谁有再大的本领都不可能各自为政，而是需要"生态"共建，至于由谁来主导、如何去介入等问题，还有待进一步探索。

1.3 奔赴元宇宙星辰大海的三段征途

当下，互联网3.0时代正在朝我们缓缓驶来，人们对这个自主开放、多元智能的时代充满了无限的希望。然而，我们要联合各大企业甚至全人类共创一个新的生态环境，即便不是痴心妄想，也是事比登天。未来，人类要想奔赴更加遥远而美好的星辰大海，势必要踏上不断破圈的征途。

◎ 奔赴元宇宙的远大征途

科技的进步与发展日新月异，但未来许多事物也并非完全不可预测。就元宇宙的远大前景来说，首先要看清楚元宇宙本身将可能经过几个版本的演绎，最终将进化为怎样的形态。为了便于大家理解，我以三部电影为例进行解释。

1. 元宇宙的 1.0——《失控玩家》

2021年8月27日，我国上映了一部由肖恩·利维（Shawn Levy）执导的美国科幻电影《失控玩家》。

这部电影为我们描绘了两个世界：一个是现实世界，另一个是虚拟世界。为了让大家感受沉浸式体验，导演及其团队将多个奇幻故事变为现实，构建多个场景的虚拟游戏世界。这是元宇宙的最浅层技术，也可以叫作全息仿真，即在现实世界构建出一个虚拟世界的动态过程。虚拟世界中的人物生活场景与现实世界相似，水往低处流、汽车在马路上正常行驶、各种可燃物品可能随时被点燃、人物做事时会有各种表情变化……完成了这一层，虚拟世界才算是初见雏形。

2. 元宇宙的 2.0——《阿凡达》

在完成建模后，接下来要做到虚实融合，即将虚拟世界和现实世界完美融合。先要构建现实世界的精准定位地图，地图呈三维立体式，并且能够与虚拟信息完美地叠加，为下一层建设打下基础。自此，虚拟世界和现实世界融合的大门将被打开。

在现实的世界，我们每个人都有自己的名字。当虚实融合以后，我们在虚拟世界也应该有自己的身份。不知大家是否还记得电影《阿凡达》，它的英文名是 Avatar。但很多人不知道，该电影原始的译名为《天神下凡》，"天神下凡"是Avatar的梵语，即神仙在凡界的化身。因为这个名字充满神话色彩，后来才将Avatar音译为《阿凡达》。

其实，我们徜徉在虚拟游戏世界中亦是如此。在玩游戏时，我们通过控制游戏中的虚拟角色来达成自己的目的，整个控制过程来自现实中的我们的意志。说到底，虚拟角色就是我们在游戏中的一个化身。因此，我们每个人在元宇宙中都会拥有自己的"Avatar"。

3. 元宇宙的3.0——《黑客帝国》

虚实融合后，就是虚拟世界彻底颠覆现实世界，也就是虚实联动。这一层主要解决的是关于机器人的问题，也许它不在很多人理解的元宇宙概念范围内，但是我们不能忽略了这一层存在的重要性，否则就可能仅停留在虚拟世界，导致现实世界并不那么完美。

例如，《黑客帝国》中的恐怖战争场面，至今令很多人想起还心有余悸。当人工智能发展到不可控的地步，新的生命形态将不受旧的生命形态控制，两者之间将发生矛盾冲突甚至引发战争。

关于两种生态形式，还有另一种说法：将机器人称为硅基生命，将人类称为碳基生命。这两种生命最后会以怎样的形式共存，《黑客帝国》第三部也对其做出了诠释。在影片中，两种生态形式最终还是选择握手言和，共同御敌。当然，现实世界中的智能科技还未发展到此阶段，机器人依旧在人类的可控范围内，即使想要达到更高的层次，也需攻克技术、运算等一系列现实问题。

这一切，正如开篇我们畅想的那样，在元宇宙的世界里会有很多共同的数字化元素存在，包括沉浸感、多元化、低延迟，同时也会有社会体系的存在。如果有一天人们可以将工作和生活全部转移至线上，通过虚拟空间完成所有现实中想要做的事，并且虚拟空间能够满足人类的一切沉浸式体验，随意切换场景和状态，我想那便离我们真正进入元宇宙不远了。

如上所述，未来三个版本的形态演绎极有可能发生，但若要奔赴元宇宙的星辰大海恐怕还会经历三个阶段：

第一阶段，打造游戏和社交网络融合的沉浸式互动体验平台，通过一系列的独立虚拟载体，将两者完美融合，作为底层构架的铺垫阶段。

第二阶段，在底层铺垫的基础上，虚拟世界和现实世界逐渐打破界限，教育、金融、工作、生活服务等现实世界的生活元素将逐渐向虚拟世界转移。

第三阶段，多个赛道与元宇宙融合，虚拟世界和现实世界互联互通，这一阶段将形成虚拟经济体系、流畅社交、社会生活等相融合的交互体验。

至此，"多元宇宙"方能纷至沓来。

第一，"地球元宇宙"。

2020年10月21日，欧盟提出了一项计划——"目的地地球"，该计划旨在监测、剖析和维护地球生态健康状况。未来建设目标是通过开发高精度的地球数字模型，采用数字孪生、人工智能、数据分析及预测等数字化技术，对地球上的大气、陆地、海洋循环、生物动态等生态系统进行持续高精准的监测，提高对极端天气和自然灾害的预测以及应对能力，支持欧盟环境政策的制定、实施及转型，该目标有望在2030年达到。

第二，"工业元宇宙"。

未来，元宇宙绝不限于娱乐场景的应用。人类在经历三次工业革命后，第四次工业革命正在打造一个线下与线上完美融合的生态。在元宇宙中，当虚拟世界与现实世界的边界逐渐变得模糊，医疗保健、教育、物流、金融、制造等不同领域也会逐渐形成一个互联互通的新世界，让人们的生活变得更简单、更快捷。

例如，宝马集团对全球几十家工厂进行了模拟仿真，让全球员工感受在同一个虚拟环境下工作的新体验；无独有偶，英国一家建筑设计公司能够让身处全球不同国家的员工在同一个虚拟环境中开会商讨建筑方案；英伟达公司的企业员工能随时随地通过一款企业设计协作和模拟平台，为全球上百家客户提供服务和沟通协作。

第三，"城市元宇宙"。

目前，全球已有众多城市开始谋划和布局元宇宙。韩国首尔的市长吴世勋2021年提出了《元宇宙首尔五年计划》，计划共分为三个阶段：2022年在实现5G信号全覆盖的基础上建立教育、经济、医疗等领域的高性能平台；2022至2026年，要实现扩张与定居两个阶段，在首尔城市内部打造"市长室""智能工作平台""120中心""首尔观光游""首尔创业营"的虚拟环境，让民众在公共服务场景中有更多沉浸式体验，力争将首尔打造成为一个安全的、有情感的城市元宇宙。

在我国，2021年已经有将近十个城市提出构建元宇宙的规划，包括上海、南京、深圳、杭州、成都、苏州、青岛、张家界等地都开始致力于发展城市服务、社区服务、旅游经济等领域。例如，商场内的AR智慧导航，消费者跟随它就可找到所要到达的区域；在AI数字人教练的指导下，人们可以进行科学高效地健身活动；运用AI+MR技术建造的虚拟运动场馆，可以通过识别运动员肢体动作提示其动作是否标准得当……

其实，社会各界对现实世界与虚拟世界究竟以何种关系共存始终争论不休。但未来无论元宇宙的终极形态是什么，有一点可以肯定，它绝不是要取代现实世界，而是要将虚拟与现实互融，让虚拟世界的体验感变得更强，让现实世界变得更美好。就像招呼一声，就可以把家人们传送至"客厅"，无论他们身处世界的哪座城市。

有不少人认为，如此宏伟的愿景，如此迷幻的征途，未来不可能实现。甚至还有人认为，元宇宙比马斯克的火星移民计划更不可想象。

古希腊哲学家赫拉克利特（Heraclitus）曾说："人不能两次踏进同一条河流""太阳每天都是新的"，这两句话形象地体现了"变"的哲学智慧——一切皆流，无物常住。如此说来，"变"的哲学其实告诉我们一个深刻的道理：凡事都有变数，也许前方一片光明，也许前方荆棘密布。未来的事交给未来，只要努力做眼前的事就好。

没错，未来充满未知，但我们也不能因此而驻留原地。尤其是近几年，人类赖以生存的地球可谓多灾多难，没人能确定地球允许人类居住的期限是多久。如果有一天太阳消失、群星坠落、月色黯然，人类又该何去何从？

其实，无论元宇宙和火星移民哪个更早成为现实，都注定了这是一场人类与时间和耐心的赛跑。在这个征程中，唯有尽我所能，未来才会一切皆有可能。

1.4　未来，你将在元宇宙中看到的场景

当人类去往一个新的世界，也意味着必然要经历一个进化的过程。元宇宙通过利用我们在进化过程中的各种感知能力，带给我们一种前所未有的沉浸感。这种超越了空间和距离的沉浸感将不只体现在游戏行业，还会改变许多原来的业态。根据目前已有的元宇宙市场形态，在未来，我们最有可能与以下元宇宙中的应用场景不期而遇。

◎ 未来，元宇宙中的应用场景

场景 1. 游戏

越来越多的电子游戏将成为元宇宙的一部分。不同的是，未来的游戏更有社交性、互动性和空间位置感，这些属性让用户的沉浸感更加强烈。很显然，这样高品质的游戏将由那些呈指数级增长的内容创作者打造。

目前，两个具有颠覆性的游戏制作平台是Unity[①]和Roblox[②]，它们便是通过让有实力的创作者参与其中，赋予元宇宙游戏更多的可能性的，如图1–4和图1–5所示。

图1–4　在Roblox中制作游戏（示意图）

---

① Unity是实时3D互动内容创作和运营平台。包括游戏开发、美术、建筑、汽车设计、影视在内的所有创作者，借助Unity可以将创意变成现实。

② Roblox是目前世界上最大的多人在线创作游戏。至2019年，已有超过500万名青少年开发者使用Roblox开发3D、VR等数字内容，吸引的月活跃玩家超1亿。

图1-5　在Unity中制作游戏（示意图）

场景2. 社交体验

以虚拟游戏世界中的大部分技术为基础，元宇宙将带给我们更多"真实"的活动感受，这种社交不仅是通过网络在线分享照片和链接来进行，如图1-6所示。

图1-6　Rec Room VR社交游戏

场景3. 办公协作

今天，我们已经能通过钉钉、飞书、企业微信等工具进行互联网办公协作。但在未来，更多的数字技术将给在线办公协作带来更强的沉浸感。

例如，国外的Gather.town是一个虚拟的协作空间，如图1-7所示。

图1-7　虚拟的协作空间（示意图）

场景 4. 沉浸式商务

目前，电子商务领域最大的特点，也是最成功的一点是，它围绕人与人之间的非接触（或低接触）社交，让用户进行自主购买。国外的一家开

发商Shopify[①]则认为，未来在元宇宙中，传统零售将会不被电商影响，继续开发消费者喜欢的购买咨询、有互动与接触（或高接触）的社交模式，进行购买，如图1-8所示。

图1-8　Shopify使用VR技术探索电子商务新体验

场景 5. 旅行

旅行一向被视为最昂贵并且最增加环境负担的行业之一。但是，在元宇宙中，我们可以通过VR参观世界上任何一个自己感兴趣的景点，并且不只是参观，还会让你感觉身临其境，如图1-9所示。

图1-9　Meresankh三世女王的古墓遗址VR

---

① 由Tobi Lütke创办的加拿大电子商务软件开发商。

场景 6. 汽车

一直以来，汽车元素都是电子竞技游戏的魅力所在。在元宇宙中，神奇的汽车世界将继续下去。元宇宙将为设计车辆的设计师提供一个可协作的社交空间。未来，在测试汽车、自动驾驶环境模拟等方面，可以让我们和家人一起参观虚拟陈列室，通过模拟驾驶便可决定要购买的车辆，如图1-10所示。

图1-10　通过虚拟现实了解汽车

场景 7. 学习和教育

新冠肺炎疫情初期，几乎所有学生都通过线上上课，但现在这种技术体验和可供选择的软件还非常少。在元宇宙中，更多线上交互式工具，能让传统的线上教学更具沉浸感，同时让来自全球的优秀教师都发挥各自的作用，让学生的学习体验变得更丰富多彩，如图1-11所示。

图1-11　国外一家名为Oculus Quest的教育应用

场景 8. 健身

同样地，在疫情期间，很多人已经习惯了在家使用健身App进行锻炼，甚至已经习惯了每周通过线上视频与自己的私人教练交流。未来，超越这种体验的VR也会将健身带入元宇宙，并让健身具有更多的互动性和社交性，如图1-12所示。

图1-12　具有互动性与社交性的健身系统

场景 9. 立体直播

目前，直播大多数是一对多的在线体验，比较适合展示和教学。当直播成为元宇宙的组成部分时，其形态和体验也将进一步改善，除了更具沉浸感和社交性以外，还会变得更加立体化和多元化，如图1-13所示。

图1-13　直播更具沉浸感与社交性

场景 10. 线下房地产

立足当前，人们要想完全通过并适应VR设备进行购物，尚且需要一段时间。但在元宇宙中，VR很可能会根据人们的兴趣，预先筛选出最有价值的房产，并帮助用户反复参观甚至精选和房产有关的更多信息，最终将最有价值的信息提交给用户。当然，未来的购房体验也将更具有社交性和交互性，如图1-14所示。

图1-14　通过Matterport虚拟参观房地产

场景 11. 现场音乐

现在，人们主要是通过手机或电脑听音乐或者看音乐视频，并且传统音乐会现场的前排座位总是一票难求。在元宇宙中的音乐会将有一个全新的体验社区，稀有的前排坐票体验将变成人人都可以获得的体验，如图1-15所示。

图1-15　元宇宙中的音乐会

场景 12. 更多物理世界的交互和沉浸式剧场

上述大部分内容是关于我们完全进入数字空间的。但是，元宇宙也包含了我们现实世界的活动，并可以将元宇宙中的虚拟镜像带到真实的物理世界中来。未来的互联网将为元宇宙提供更丰富的大数据，我们在地理空间触达的内容及对应的数据内容都会被传输到元宇宙。人们将会以一种全新的方式理解并模拟现实世界，从而节约我们办事的时间，提升效率，让工作和生活充满更多新的可能。可以说，人类未来的工作和生活是无界限的。

基于生活场景的实体密室游戏、当下很火的剧本杀、音乐会、剧院和现场实况等，都可以在元宇宙中增强体验，如图1–16所示。

图1–16 虚拟与现实结合的场景

尽管我们设想的场景未必一一上演，但未来元宇宙不仅是下一个互联网风口，也不只拘泥于今天各界专家、学者所描述的轮廓，它所构建的是一个更加美丽的新世界。它将通过我们和身边的亲朋好友喜爱的事物，为我们提供全新的场景体验。

从这个角度而言，毫无疑问，元宇宙是一个崭新的时代，它将带我们到达人类从未想过和去过的地方。

1.5 数字技术推动元宇宙产业崛起

古往今来，从全球各国经济的兴衰史来看，实体经济的发展趋势往往决定了一个国家经济命运的走向，技术革命是推动国家产业升级的原动力。基于此，元宇宙的建设不是为了"由实到虚"的单向发展，而是数字经济与实体经济的深度融合，从而为所有产业的新发展空间赋能。

为此，元宇宙落地的当务之急，是继续挖掘元宇宙的产业价值。

◎ 从数字技术看元宇宙产业的未来发展方向

没有数字技术，元宇宙产业便无从谈起。

从中国信通院发布的《2021年中国数字经济发展白皮书》《2021年全球数字经济白皮书》的数据来看，我国数字经济发展呈现飞速上升的趋势，已占GDP的39%，是全球发展最快的国家之一。在数字技术的推动下，数字经济与实体经济形成"双融合"搜索引擎。例如，人工智能、VR/AR等技术成为推动新能源、新医药、新生态、汽车制造、社交媒体、影视娱乐、城市治理等各行各业发展和转型的新型驱动力，也是元宇宙产业发展的垫脚石。

随着我国数字技术的发展，元宇宙能够为汽车、制造、建筑、物流等众多实体产业赋能，并在现有产业基础上对运输、生产等各个环节进行数字化、智能化改造。同时，5G、云计算、人工智能、区块链、NFT等新型数字技术的不断发展，也会驱动元宇宙产业快速发展。

1. 5G

5G是元宇宙发展的通信基础。企业要想让客户在使用设备时有真正的沉浸式体验，不但需要研发更高的分辨率和帧率，还需要低延时、高速率、低耗能的数字技术支持，而5G技术能打造唯美的视觉、听觉效果，使人有身临其境之感，满足元宇宙中所需要的应用创新。

2. 云计算

元宇宙的建设与运行需要强大运算能力的支撑，而云计算将成为元宇宙关键的基础设施。它将取代传统的计算机系统，通过网络"云"处理器对大量数据进行处理和分析，并将所得数据返回给用户。尤其是大型网络游戏对客户端设备的性能和服务器的承载能力都有很高的要求，而只有将运算和显示分离，才能降低用户的门槛，进而扩大市场，这在云端GPU上就能迅速完成。人们只需输入参数，传感设备采集后会在云端进行运算，之后转换成元宇宙中的参数，这样就可以让虚拟世界的人物听从我们的指令和动作。

3. 人工智能

在元宇宙时代，人工智能是必不可少的关键技术。

在建设元宇宙的过程产生的海量数据和场景都需要人工智能更科学、更快速地处理和解决。例如，我们需要人工智能识别一个橙子，它当然会轻松识别。但当橙子和苹果共同出现时，人工智能可能一下子就掌握了苹果的特征，并立即放到自己的知识库。显而易见，人工智能对数据深度分析是多么的重要。当数据覆盖各种场景时，人工智能才能协调整个元宇宙的资源配置与运转，实现真正的智能。

4. 区块链

在元宇宙时代，区块链能够提供虚拟身份认证以及虚拟货币清算的支持。从"万物互联"到"万物协作"，元宇宙中的虚拟货币交易变现需要去中心化清算机制，而去中心化的机制并不等于去中心化的结果。当用户和机构拥有的虚拟货币大量增加时，又将逐渐趋向去中心化。数字化经济与实体经济的融合，在一定程度上揭示了元宇宙时代产业变革的方向。

5. 数字孪生

数字孪生技术的发展是元宇宙发展的"根基"。数字孪生技术可以理解为真实世界在虚拟世界中的映射。从现实世界到虚拟世界，主要依靠传感器等数据收集装置将本体的运行状态和观测数据映射到孪生体上；从虚拟世界到现实世界，则依赖对数据的管理和分析。数字孪生应用很广泛，包括工业制造、物流等领域。

6. 芯片

除了云计算，芯片也是支持元宇宙强大运算能力的基础设施，这也间接地推动了芯片的发展。VR/AR 芯片已逐渐不再受限于手机内部的使用，而是可定制化和独立使用，例如应用于汽车的芯片。2020年，苹果公司设计的 VR/AR 芯片已获得成功，并开始采用5nm 先进制程生产芯片，未来此领域将快速扩张并蓬勃发展。

7. 虚拟现实（VR/AR）

虚拟现实技术是链接现实世界和虚拟世界的构架桥梁，它是一种可以创建虚拟世界的计算机仿真系统，利用计算机生成一种模拟环境，让人们置身其中，仿佛有身临其境的感觉。

据IDC数据记录，全球VR设备出货量呈现逐年加速上涨趋势。预计从2021年到2025年，VR设备出货量将增长2,200万台左右。目前Meta、微软、百度等各大巨头企业已经广泛参与该领域中，如图1-17所示。

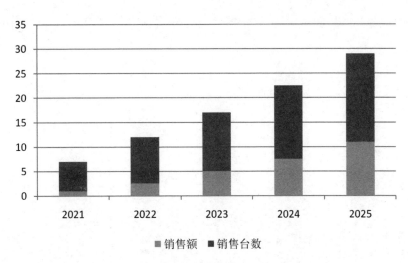

图1-17　全球预计每年VR设备出货量

8. NFT

在元宇宙时代，人们需要生产、交易虚拟商品和虚拟货币，而在交易过程中要以NFT（非同质化代币）的形式来完成所有的操作。与现实世界中买卖商品的方式大同小异，NFT在虚拟世界中能够满足人们享有任何权利，很轻松地就可以进行访问、审批、查看等。

当前，NFT虽然已经涉及游戏、数字音乐、收藏品、艺术品、虚拟资产等多个应用领域，但模式尚不成熟，仍处于发展的初步阶段。随着元宇宙的发展，NFT的相关产业也会逐渐发展。更多关于NFT的详细内容，在第3章阐述。

通过对元宇宙的初步介绍，我们不难看出，在未来元宇宙时代的产业大变革中，强大的运算能力、支付的互通互联等技术，是确保元宇宙世界有序运行且更具商业价值的关键。元宇宙产业的发展、落地场景的应用，对数字处理技术还会有更高的要求。但随着来自全球的"头号玩家"纷纷入局元宇宙，开启竞相逐梦的商业实践，元宇宙产业的崛起指日可待！

第 2 章

元宇宙中的"头号玩家"：

竞相逐梦的商业实践

2021 年以来，腾讯、谷歌、字节跳动、网易、百度、微软等科技企业纷纷向元宇宙挺进，大型游戏厂商和新兴 UGC 创作平台企业纷纷入局，在资本圈掀起了一股元宇宙浪潮。

在商业实践和文艺作品的描绘下，元宇宙的轮廓越来越清晰——元宇宙是一个与现实世界平行且相互影响的、可持续发展的虚拟世界，它源于现实世界，又有一套区别于现实世界的运行机制，人们在其中可以实现高度自由，并进行社交、生产、娱乐等活动。马化腾、扎克伯格（Zuckerberg）等商业大佬纷纷布局元宇宙，分歧与共识不断碰撞，科技与资本竞相逐梦，元宇宙大门已然开启。

2.1 Facebook：再见，Facebook！你好，Meta！

图2-1　更名后的Facebook官方宣传图

2021年10月28日，Facebook在成立17年零8个月后正式宣布战略转型，创始人扎克伯格秉承自我剖析精神，深挖公司内涵与发展前景，决定未来将打破原有的社交平台形象，并在Connect2021大会上宣布Facebook正式更名为"Meta"，股票代码也更换为"MVRS"。曾经大拇指的标志被一个类似于"无穷"和Mata的新图标取代，至此，Facebook正式拉开了元宇宙的新纪元，如图2-1和图2-2所示。

扎克伯格明确指出，Meta的发展核心仍旧是人与人的连接，只是发展的侧重点是实现元宇宙。他表示元宇宙未来会融合社交、教育、健身、游戏、工作等，VR也会在元宇宙通用计算平台中大放异彩，如同当下的笔记本电脑和智能手机。

图2-2　Facebook硅谷总部更换公司图标与名称[①]

---

① 图片来自Twitter。

◎ 扎克伯格与他的元宇宙世界

有人说扎克伯格是在参与一场豪赌，而拥抱元宇宙，告别Facebook，将是公司下个十年发展最大的赌注。扎克伯格如此高调地宣布发展战略和转型绝不是一时兴起，更像是对元宇宙世界有更深层次的认识后，旋即着手展开的一场事关未来的深刻转型。

第一，社交新世界——加速虚拟与现实世界的链接。

在Connect2021大会一开始，扎克伯格首先向大家介绍了Horizon Home，它是Horizon平台新添加的VR功能。在VR中，你可以随心随性地构建自己的"家"。例如，你可以把影音室设计成太空舱，把朋友聚会空间设计成火车箱。你可以随心所欲地选择和定义每位朋友的虚拟形象，"捏"一个夸张的卡通形象，或者是一个机器人形象、一个包租婆形象等。朋友们可以在一起玩游戏、看电影，甚至可以通过Horizon Venues功能参加演唱会或虚拟演出，身临其境的感觉让人有满满的参与感。

基于此，Meta进一步更新了Quest上的Messenger功能，加速了现实世界和虚拟世界的链接，你可以在Horizon中直接给朋友拨打 Messenger进行通话，实现现实世界与虚拟世界的对话。

第二，办公新世界 ——Slack、Dropbox 等上线 Horizon，推出 Workrooms 企业模式。

在办公方面，Meta推出了Horizon Workrooms。扎克伯格为了让VR世界里的工作更加高效、便捷，宣布将在 Horizon Workrooms中集成更多可用于多任务处理的2D应用程序，其中包括Mural、Pluto TV、Slack 、Dropbox 等。在未来，Horizon Workrooms也将支持 Zoom 的通话，Oculus会逐渐模糊2D与VR之间的界限，如图2-3所示。

图2-3　Oculus支持的应用程序[①]

此外，Quest设备因新业务产品的出现增加了Quest for Business工作功能，其中包括使用工作账号登录Quest2，并且为企业提供移动设备管理、IDP和SSO集成、账户管理等。这些项目将会在2022年进入公测阶段，在2023年上市。

在个人的Horizon Home中，Meta除了原有的社交、休闲功能外，也可以增添个人办公功能，自己主导制定工作时间和空间，也可以使用Dropbox、Slack等集成功能。

第三，教育新世界——重塑教育方式，打造沉浸式学习体验。

扎克伯格认为，除了上述工作、社交领域，元宇宙也会重塑教育方式，AR、VR会成为功能强大的教学工具。

Meta设立了1.5亿美元的专项基金用于在元宇宙中建立一套学习系统。这套系统具有沉浸式体验特点，如果你想学有关土星的知识，戴上VR后，土星就会出现在眼前，并可以调节它与你的距离。如果你想学习古代的建筑设计，就可以直接"走进"那个年代，亲身感受和见证古建筑之美。

此外，Meta还与Unity合作，以培养教育领域优秀的AR/CR内容创作者

---

① 图片来源：Facebook官方网站。

为目标，为人们学习更多的创作技巧提供便利。

第四，游戏新世界——《侠盗猎车手》上线 Oculus，扩大了游戏的边界。

扎克伯格认为，大家对元宇宙的认知还处在初期阶段，必然有诸多疑惑，游戏无疑是最容易被大众消费者理解和接受的切入点。

以前就有很多人喜欢Quest上的Population、Beat Saber等VR游戏，如今Meta进一步扩大了VR游戏阵容，《生化危机4》上线不久，扎克伯格就宣布著名IP《侠盗猎车手：圣安地列斯》也会以VR形式在 Oculus Quest 2上推出，众多游戏玩家可以穿梭于以拉斯维加斯、洛杉矶为原型的城市中，这种感官刺激感吸引了更多的游戏爱好者。

扎克伯格还表示，未来在元宇宙中进行游戏，不应局限于某一个游戏本身，而是把游戏嵌入人们的日常生活。例如，和朋友击剑、通过VR与朋友玩篮球等，如图2-4所示。

图2-4　游戏在日常生活场景中的应用①

◎ 元宇宙新世界的画卷如何展开？

扎克伯克很清楚，Meta要想建立如此庞大的生态系统，仅靠单打独斗是无法实现的，因此他广纳贤士，寻找更多的开发者和创造者一起搭建Meta的未来。

---

① 图片来源：Facebook官方网站。

首先，Facebook 宣布推出 Presence 平台，它的目的是帮助创造者或开发者在Quest平台上构建混合现实。

其次，Meta搭建了一整套完整的职业培训课程和认证路径，已有上万名创作者积极注册报名了此前推出的Facebook AR Curriculum 计划。如今，Meta宣布计划将原课程扩展为Spark AR Curriculum，并出台正式的Spark AR 认证计划。凡是通过考核的人都会获得Spark AR 创作者证书，参与培训者也可以获得Spark AR 认证。未来，他们的作品很可能成为元宇宙的一部分。

在此次大会中，Meta以一个香薰店在未来元宇宙中的运转为例，讲述企业在元宇宙中是如何赚钱的。香薰店在元宇宙世界中能够拓展它在现实世界的店铺概念，比如现实世界只是一个占地几平方米的花店，在元宇宙中可以做一个大花园，有情境、有流水、有花草，还有蝴蝶、小鸟。再把售卖的产品嵌入其中，意境与梦境结合，现实与虚拟冲撞，更能激发消费者的购买欲望。

最后，元宇宙要发展，就要有大量的人进入并了解这个世界，硬件设施则是一切的基础。虽然新一代Quest还未问世，但Meta一直在努力并且向大家展示了他们在硬件设备上的最新动态。

图2-5　能精准掌握佩戴者面目表情的 Project Cambria耳机[①]

① 图片来源：Facebook官方

首先，Meta推出了一款名为Project Cambria的耳机。这款耳机有更纤薄的光学器件和更加智能的传感器重建算法，是一款高端虚拟和增强现实的耳机，让虚拟分身和元宇宙中的其他用户保持自然交流，精准地掌握佩戴者的面目表情，让用户在虚拟空间有更真实的体验，如图2-5所示。

其次，Facebook 宣布了首款增强现实智能眼镜，其代号为 Project Nazare。扎克伯格形容，用户带上眼镜后，可以看到Whats App应用程序悬浮在眼前；你可以给朋友发送消息邀请他们进入你的游戏；朋友接受邀请后，他的AR虚拟头像就会出现在你的房间中。扎克伯格表示他们想把 Nazare 打造成一款重量与大小都和正常眼镜相仿的眼镜。

扎克伯格为我们描绘了一幅元宇宙的美好画卷，冷静过后我们也不难发现，元宇宙基础硬件设备仍存在许多亟须解决的问题，比如如何做到更加智能化、轻量化以及增加普及率，这些问题让入局者心潮澎湃的同时，也有所顾虑。此外，未来如何引导人们主动接受并走进元宇宙，是必须面对的重要问题。

元宇宙的征程不会一帆风顺，世上万物都要经历风雨才会拨云见日。如今，扎克伯格亲手关闭了自己开创的"Facebook时代"，朝着崭新的"Meta时代"出发，这种底气和勇气值得业界学习。

2.2　微软：以办公协作为切入点进军元宇宙

在财经界有"大摩"之美誉的摩根士丹利最新研究报告显示：元宇宙有望成为下一代流媒体、社交媒体和游戏平台，很可能培育一个万亿美元的超级市场。面对如此广阔的蓝海，入局者不仅Facebook一家。2021年11月2日，微软年度技术盛会Ignite 2021在线开幕，如图2-6所示。此次大会介绍了微软在元宇宙、云计算与大数据、混合办公、数字化转型、人工智能和数字安全等领域研发的新技术、新的行业场景和新领域。大会次日，

图2-6 微软年度技术盛会Ignite 2021截图

微软公司市值突破2.5万亿美元（约合人民币16万亿元）。

值得注意的是，微软在本次大会上正式宣布进军元宇宙。微软的首席执行官Satya Nadella在Ignite 线上会议中指出，微软和其他头部企业一样，正不断探索元宇宙的奥秘，走进这个神奇的数字世界。这是继Meta宣布在5～10年内将致力于转型成元宇宙公司后，又一个科技巨头入局。

微软在Ignite大会上宣布，计划将混合现实会议平台Microsoft Mesh融入Microsoft Teams中，将旗下聊天和会议应用Microsoft Teams打造成元宇宙，Xbox游戏平台将来也要加入元宇宙。

◎ 微软"接轨"元宇宙的未来发展规划

规划1.微软推出两大平台撬动元宇宙世界的大门。

不同于Meta加入元宇宙的"VR社交+元宇宙"形式，微软推出了两款新的软件平台Mesh for Teams和Dynamics 365 Connected Spaces，以此正式进军元宇宙，如图2-7所示。

图2-7 微软年度技术盛会Ignite 2021截图

说到Mesh for Teams平台，它就是Microsoft Teams的元宇宙"版本"，是通往元宇宙的"入口"。该平台可以支持用户使用自定义形象参与线上会议，能够打造一个沉浸式的虚拟空间，甚至新员工的入职手续、派对狂欢等活动都可以在这个平台办理或举行。

此外，大家无须为了视频会议再准备精致的妆容，不想开启摄像头露脸的时候，自己的个性化3D形象会替你出境。微软会通过AI捕捉你的声音，进而推断出你的表情、口型、肢体语言，并且呈现在你的虚拟形象上。所有情绪和动作都能表现出来，进而增加你和同事对话交谈时的真实感。

你还可以选择用VR头显、计算机或手机接入，也可以戴上有16个摄像头和6个麦克风的HoloLens去体验沉浸式开会的高效便捷。在Mesh的技术支持下，人们可以通过任何设备在这里沟通交流，最终协作共享达成会议目标。

企业或团队可以在Microsoft Teams上搭建不同的虚拟空间，如图2-8所示。在虚拟休息区，你可以小酌咖啡；在虚拟会议室，也可以和

图2-8 Mesh for Teams平台[①]

同事畅谈项目，开展头脑风暴；累了也可以约同事去休息区玩局游戏。在音频功能的加持下，你的这些体验会更具现场感。你熟悉的微软办公软

---

① 本文中的介绍图片来自微软年度技术盛会Ignite 2021视频截图。

件，如PPT、Excel、Word等都可以随时调用，在元宇宙里也可以加班做PPT。

图2-9　Dynamics 365 Connected Spaces平台

值得一提的是，该平台还具有转录和实时翻译的技术。在同一个活动中遇到使用不同语言的人，再也不用因沟通障碍而尴尬了，如图2-9所示。

再谈Dynamics 365 Connected Spaces平台，这个新产品可以让管理者直接通过人工智能驱动模型和可视化数据了解其检测的环境，并及时做出调整。例如，餐厅的管理者可以通过该平台了解哪些菜品卖得最好，客流量最大时工作人员的安排是否合理，服务是否周到，顾客的评价等级等。我们不但能直观地看到相关数据，还可以通过模型复盘某一刻的详情。

另外，微软通过游戏平台Xbox，致力于开发完全沉浸式的元宇宙游戏，给玩家最好的体验。

综上所述，微软主要以办公场景为切入点进入元宇宙世界，这类办公场景在疫情特殊时期被广泛应用，当用户链接VR后，会形成新的虚拟活动空间，增加人与人的交互感。

规划2.微软展开了在硬件上的布局。

构建元宇宙要有丰富的技术逻辑，其中包括基础设施、硬件入口、目标用户、内容生态、产品研发和底层技术6个层面。只有把握好每一层面并做到扎实精准，才能形成真正完整的元宇宙。下面，我们简要分析微软是如何从这6个层面出发组建自己的元宇宙的，以及它与Meta布局有何不同，见表2-1。

表2-1　Meta与微软元宇宙布局对比

Meta与微软元宇宙布局对比		
	Meta	微软
底层技术	暂无详细信息	Azure loT、Azure Maps、Azure Synapse Analytic、Azure Ai/Autonomous Systems、Power platform、Mesh
基础设施	Presence 开发平台、Horizon等	Mesh、Azure、Dynamics 365 Connected Spaces 、Mixed Reality
硬件入口	Oculus、Oculus 2、内部代号为project Cambria的高端VR头显，以及内容代号为"Project Nazare"的 XR眼镜	HoloLens HoloLens 2
目标用户	消费者	企业用户
内容生态	Oculus游戏平台、Creator App创作社区、Oculus Developer Hub社区等	Xbox游戏生态体系
产品研发	Facebook Al Lab 和 Meta Reality Labs Research为主	微软人工智能研发中心

从硬件上看，微软除了拥有Mesh和VR头显HoloLens两大终端产品外，还有一系列传感器套件。因为有微软智能云Azure在底层框架做技术支持，使微软在信息、数据收集等多个领域都拥有自己对应的产品。再看HoloLens，这款由Microsoft 开发和制造的混合现实智能眼镜的定价比市面其他虚拟现实的相关产品偏高一些。HoloLens开始只面向美国和加拿大的开发人员，定价3000美元。而后华硕和三星陆续向微软抛出橄榄枝，希望能够和微软合作开发与HoloLens相关的周边产品。值得注意的是，微软于2016 年 10 月 12 日宣布，HoloLens面向全球出售。2019 年 2 月 24 日，世界移动通信大会（MWC）在西班牙巴塞罗那举行，在此次大会上宣布 HoloLens 2的预售价是3500美元，如图2-10所示。

图2-10 微软HoloLens设备[①]

相比之下，HoloLens的定价偏高，要想在种类繁多的虚拟现实产品市场中占据一席之地，微软还需要提高产品的性价比。传闻擅长软硬件结合的苹果公司也在积极研究虚拟现实设备，如果苹果入局势必多一个强劲的对手，元宇宙科技领域或将面临一次全新的洗牌。

此外，智慧芽研究机构的最新数据显示，微软和其关联公司，在全球126个地区共有超过1600件与AR/VR相关的专利申请。其中有效专利高达690余件，授权发明的专利有710余件。微软如此重视技术积累，也预示其可以随时与元宇宙接轨。

总体来看，无论是微软还是Meta，它们都有强大的软件生态和过硬的硬件产品，都在各自的领域独具优势。从整体布局上分析，微软的优势在商业应用场景中，而Meta的优势主要在社交领域和硬件上。

规划3.Xbox——游戏拥抱元宇宙的游戏市场。

最初，微软的元宇宙业务多专注于企业级应用，如今随着Xbox游戏平台的推出，表明了其坚定参与元宇宙计划的决心。

不只是在国内，游戏市场在全球始终都是一块大蛋糕。Newzoo报告指出，游戏产业在2018年至2022年的复合年增长率为9.0%，如图2-11所示。

---

① 图片来源：微软中文官网。

图2-11　Newzoo关于游戏产业在2018年至2022年的复合年增长率报告

普华永道会计事务所预计，2030年元宇宙的市场规模将达到1.5亿美元。游戏市场潜力如此巨大，微软势必也想分一杯羹。多年前，微软就利用AR头戴设备HoloLens，让沙盒游戏《我的世界》从屏幕走进现实，诸多身临其境的游戏体验和如今的元宇宙设定有异曲同工之妙，如图2-12所示。

图2-12　沙盒游戏《我的世界》

微软公司CEO萨提亚·纳德拉（Satya Nadella）认为，现在很多游戏本身就是一个元宇宙，例如《模拟飞行》《光晕》《我的世界》等。Xbox游戏平台已经悄然变成了元宇宙的游戏承载空间。只不过目前这些游戏还是

2D的，微软未来的计划就是把它们带入一个完整的3D世界。由此可见，元宇宙入局者一致看好未来发展的新机遇。

也有人说元宇宙完全可以用数字孪生来描述，但无论怎么定义，我们创造虚拟空间的初衷都是为了强化物理世界，以帮助我们在现实世界中降低成本、提高生产率。正如开篇说的那样，科技迭代、技术创新，包括我们奔赴元宇宙的初衷始终是为了让人类的生活更加美好。

无论是苹果公司还是微软公司，它们的业务不是单独称霸某一领域，而是在虚拟空间与物理世界实现双面覆盖，相互补充。元宇宙世界的构筑逻辑，是依据物理世界的对象变成相应的模型，然后置于虚拟空间再进行全息仿真、预测，最终返回物理空间，强化我们的物理世界。

规划 4. 微软正尝试提高社交体验感与参与感，让用户在虚拟空间产生更多价值。

如今，人们参加数字会议时，总是纠结于是否打开摄像头。如果打开摄像头，就代表着别人会看到你的每一个举动和表情；而如果关闭摄像头，就意味着没有任何社交活动，很难给人全情参与的感觉。再有，如果你同时关掉视频和声音，领导甚至会怀疑你没有参加会议。微软的实验室模拟这些情况后发现，当你有3D头像或者其他形象代表时，70%的参与者会认为你就在现场。由于3D头像可以投射人的表情和肢体语言，这就避免了有些人觉得开启摄像头是一种压力。

在实践中，微软还使用AI聆听用户声音，然后根据声音制作出动画，让形象更加生动。如果置身于会议场景，这些动画在用户单击举手选项时就能够做出相应的举手动作。据此，微软认为，在构建元宇宙的过程中，这种沉浸式的空间是Mesh集成最有用的地方。

微软的目标是在2022年上半年，让用户在虚拟空间都能体会到身临其境的感觉。

元宇宙在娱乐、游戏、教育、健身、社交等领域都有很多天马行空的场景，很多人不解为什么微软选择了办公协作作为进军元宇宙的切入点。对此，萨提亚·纳德拉表示，很多消费领域的场景具有极强的科幻感，但疫情让探索数字解决方案落地变得更为普遍。现实情况是，虽然现在让所有人了解元宇宙并不现实，但元宇宙的商业用途已经开启，很多科技巨头企业也纷纷参与其中，无疑将会加快元宇宙概念的普及和实际应用的落地。

在元宇宙构建方面，微软一直有清晰的定位，它并不企图做元宇宙的统治者，而是想为元宇宙提供更多的动力，让Mesh平台成为元宇宙中多个世界的枢纽联合点。

或许，未来每个网站都可以成为元宇宙，网站之间相互链接，互联网将因此变得更加生动有趣。再照此逻辑推演，元宇宙的经济体量也会越来越大，最终很可能超过现实世界的经济体量，拥有无限的想象空间和光明前景。

2.3　苹果：从AR/VR领域开始积极布局

元宇宙风潮席卷而来，虽然苹果公司现任CEO蒂姆·库克（Timothy Cook）公开表示自己不喜欢元宇宙这个词，但这并不影响苹果公司在元宇宙领域的布局。用库克自己的话说，他只是更喜欢把元宇宙称为AR。

◎ 苹果已开始低调布局AR/VR产业

目前，苹果已开始低调布局AR/VR产业，同时也申请了相关专利。彭博社[1]报道，苹果内部人士透露最早会在2022年或2023年对外发布研制的AR/VR设备，如今正在紧锣密鼓地研发两款新设备：其一是内部代号为N301的VR设备，它具备观游戏、社交能力、观影等功能，计划在2022年面世；其二是内部代号为N421的AR眼镜，目前正处于底层技术研究与开发阶段，预计在2023年问世。

2021年11月26日，证券分析师郭明祺也发布报告，称苹果将在2022年的第四季度推出AR头显，并且这款头显需要进行6~8个镜头的实时光学处理，装有索尼4K Mirco OLED显示屏和性能媲美M1的旗舰级芯片。报告中还说，除了AR/VR头部显示器，在2022年年末或2023年年初，苹果还可能推出AR/VR耳机；到2025年，AR眼镜或将问世。未来，苹果的目标是10年后让AR/VR设备取代iPhone。现今iPhone的活跃用户超过10亿人。也就是说10年内苹果至少要售出10亿台AR/VR设备。

对AR产品而言，芯片就像人类的大脑一样重要。目前，大部分AR头显使用的芯片为手机SoC设计的移动芯片。例如，主流AR头显使用的是XR系列芯片。高通XR2芯片的性能在骁龙865和骁龙888之间。如果苹果AR头显真如报告所说采用的是接近M1性能的芯片，那么与同类产品相比，该头显的应用和计算工作会更加广泛，其各项性能将遥遥领先。更客观地说，与其他竞争对手相比，苹果的这款AR头显有3个明显优势：具备Mac等级的运算能力，可独立运行；不必依赖Mac或iPhone；可支持广泛应用，而非仅限于特定应用。

立足当前，虽然该头显完全取代iPhone的目标看似有点儿遥远，但是苹果已经下定决心进行攻关，并在元宇宙专利和投资领域迈出实质性步伐。

---

① 彭博新闻社（Bloomberg News，中文简称彭博社）成立于1981年的美国彭博资讯公司，是全球最大的财经资讯公司，其前身是美国创新市场系统公司。

早在2013年，苹果便收购过一家曾开发出世界上最小3D传感器的公司。苹果也因此申请了一项通过3D映射技术实现手势、眼球追踪的专利。这项技术可以让AR眼镜拥有手势识别功能，同时苹果还申请了一项通过注视点数据预测眼前物体位置的专利。

此外，苹果收购了RealFace、Regaind、Perceptio、Faceshift、Emotient等在面部识别方面有所建树的团队。后来，苹果在2017年9月发布iPhone X时，就开始在前置摄像头中装置3D结构方案用于人脸识别（Face ID）。一旦有了Face ID，HOME键就可以取消了。此外，苹果还申请了通过Face ID识别AR设备的游戏玩家专利。

还有，苹果通过收购Flyby Media、Indoor.io、WifiSLAM等团队，申请了关于使用超声波进行空间定位、多人同时定位、基于空间音频定位还原3D声场等技术专利。

2015年5月，苹果还收购过一家专注于AR应用程序开发的德国公司Metaio，它开发的应用程序可以实现家具虚拟陈设，呈现效果图。此外，用户还可在虚拟世界中参观柏林墙遗址。

2015年年底，苹果收购了 FaceShift，该公司拥有使用摄像头精准分析人脸技术，是一家面部绘图软件公司，它能够创建动画的虚拟化身。电影《星球大战：原力觉醒》使用的特效就是FaceShift技术，让外星人的面具看起来更逼真生动。

苹果也曾收购一家以色列公司PrimeSense，其主要生产运动检测相机，这项技术被应用于一款Xbox 的 Kinect 相机。AR没有典型的手持控制器，所以这项技术对AR非常重要，微软的HoloLens 可以识别手势，方便操作导航用户界面。苹果在AR/VR相关领域的收购或并购情况，见表2-2。

表2-2　部分苹果在AR/VR相关领域的收购或并购[①]

时间	公司	领域
2015年5月	Metaio	AR
2015年9月	Mapsense	地图可视化和数据收集
2015年11月	Faceshift	实时动作捕捉
2016年1月	Flyby Media	AR
2017年9月	Vrvana	增强现实头戴式显示器
2020年3月	NestVR	虚拟现实活动
2020年8月	Camerai	AR
2020年8月	Spaces	VR

　　我们回看近些年苹果在AR/VR方面的投入，不难发现它其实早有布局。2017年，苹果在WWDC 2017（2017年苹果全球开发者大会）正式发布支持Unreal、Unity等引擎类AR软件开发工具ARKit。在WWDC 2021（2021年苹果全球开发者大会）上，ARKit已发展到第五代ARKit 5，同时还发布了Object Capture、RealityKit 2和AR Maps等新功能。

　　苹果官方发布的资料显示，目前支持AR的iOS应用程序超过了1万个，仅2021年，苹果就成功申请了90多项专利，其中与AR头显相关的专利有11项，见表2-3。

---

　　① 数据来源：根据公开资料整理。

表2-3　2021年苹果获得与AR眼镜相关的专利

序号	获得时间	专利名称	专利简介
1	9月14日	识别到达车辆的增强现实界面	通过AR界面识别到达的车辆和乘客
2	9月9日	环境应用模型	在显示器上显示多个软件共同打造的环境视图
3	9月9日	以对象为中心的扫描	基于图像和图像获取期间跟踪的设备位置生成对象的三维模型的设备、系统和方法
4	9月9日	使用多维扫描进行物体检测	一种有助于不同照明条件下多次扫描来进行对象检测的方法
5	8月26日	单个对象扫描	针对特定图像的深度数据生成三维模型的设备、系统和方法
6	8月24日	增强空间音频再现的音频系统和方法	描述了一种音频系统和使用该音频系统来增强空间音频再现的方法
7	7月22日	基于房间扫描的平面图生成	基于传感器数据生成的物理环境的三维表示来生成平面图和测量值的设备、系统和方法
8	7月22日	多分辨率体素网络划分	基于检测到的深度信息，通过多分辨率体素网格生成物理环境中的表面体的网络
9	7月15日	重复点的几何编码	运用几何压缩技术来压缩空间信息数据
10	7月13日	生成人体姿势信息	该方法包括生成由多个分支神经网络系统定义的人体姿势模型
11	2月9日	一种在真实环境中显示虚拟信息的方法	在真实环境视图中显示虚拟信息的方法

虽然库克多次强调不喜欢元宇宙这个词，但他无数次地用行动证明，自己是AR/VR的忠实支持者。基于以上事实，AR/VR将会是苹果未来业务中最值得期待的增长点。

在竞争对手看来，苹果似乎在元宇宙产业的赛道中已经落后于同行。但苹果一贯的作风是发布成熟的、自己有信心的产品，至于苹果的VR/AR

设备能否惊艳世人,我们不妨拭目以待。

2.4 百度:"希壤"App——打造一个让想象力落地生根的平台

国外头部企业竞相追逐元宇宙的步伐,国内"互联网大厂"也毫不逊色,纷纷争抢蓝海市场。在众多互联网大咖中,元宇宙落地动作最快的非百度莫属。

图2-13 百度AI开发者大会官方宣传图

2021年12月21日,在"百度Create 2021·'希壤'超前探馆日"上,百度的元宇宙茶品"希壤"正式开放定向内测,用户可以凭借邀请码进入"希壤"空间,体会不一样的世界,如图2-13所示。

2021年12月27日至29日,为期三天的百度AI开发者大会[①]在虚拟世界"希壤"举办,并首次举办了元宇宙论坛。在开幕式上,百度创始人李彦宏化身"神族"的数字人,展现了"时空瞬移"。会上,百度还发布了首个国产元宇宙产品希壤App,并正式面向所有用户开放,实现

---

① 百度Create大会(暨百度AI开发者大会),是百度每年发布最新技术进展、以开发者为核心、连接全球合作伙伴和科技爱好者的科技盛会。2021大会的主题是"创造者精神",于2021年12月27日-29日在百度搭建的元宇宙空间里举办。

了10万人同屏互动,如图2-14所示。

图2-14 元宇宙希壤App里的虚拟世界(官方示意图)

至此,"希壤"落地,百度也开创了AI赋能元宇宙的新范式。

百度副总裁马杰在大会上表达了借"希壤"布局元宇宙的未来愿景,他希望集合业内最先进的云计算、AI和VR技术,把"希壤"打造成为众多开发者和合作伙伴实现愿望的平台,这个平台是真正存在的平行于现实世界的元宇宙,它承载着美好的未来,有无限可能。

◎ 百度开创探索AI赋能元宇宙新范式

早在2021年8月举办的百度世界大会上,百度就宣布发布"希壤"虚拟空间平台,在百度VR的官网上单独陈列"希壤"系列产品,这标志着百度在元宇宙App领域迈出了重要一步。2021年11月,百度正式上线了定位为"元宇宙社交"的希壤App,发力元宇宙。2021年12月27日,在百度AI开发者大会上推出了希壤App的正式版本,并向所有用户开放。

百度定义的"希壤"是以技术为基础,以开放为理念,致力于和客户、用户、开发者共同打造一个经济繁荣、跨越虚拟与现实、身份认同、可以永久存续且能够实现多人互动的虚拟世界,其应用场景包括VR实训、

VR产业园、VR教育、VR营销、VR云展会等。

在功能方面，用户可以在个人可操作的设备上登录"希壤"，创造自己的专属虚拟形象，实现看展、逛街、交流等；戴上耳机便可以感受到身临其境的沉浸式效果，连麦后就可以进行多人语音交流。"希壤"依托于百度大脑在语音、自然语言、视觉等方面的领先能力，加上百度智能云计算有超强的运算能力，实现了同时容纳10万人同屏互动，在国内率先还原了万人级演唱会的真实声效。

虽然"希壤"在百度内部经历过小范围的测试和迭代，但其发展仍处于初期阶段，有些环节稍显粗糙，仍有不完美之处。毕竟目前元宇宙的发展也处于初期阶段，在产业探索阶段本就困难重重，需要花费更多时间来构建，通过更多的优化使其日臻完善。

为了获得真实的体验，我们下载了安卓版和苹果版的希壤App，安装后体验如下：

图2-15　元宇宙希壤App里的虚拟世界（官方示意图）

第一，进入App后可以设置自己的个人资料，在制作虚拟形象时可以选择已有的头像衣服，也可以自己拍照生成。拍照生成和App生成的图片相似，可供选择的空间有限，如图2-15所示。

第二，完成个人资料和形象设置后，可以下100多层电梯，参观虚拟展，如图2-16所示。

图2-16 元宇宙希壤App里的虚拟世界（官方示意图）

第三，走进电子电路展示厅，可以看到其布局非常简洁，直观感受强烈，如图2-17所示。

图2-17 元宇宙希壤App里的虚拟世界（官方示意图）

第四，一条宽阔的大道，两旁设有具体展位，但不能进入参观，只能站在大道上看向四周，如图2-18所示。

图2-18 元宇宙希壤App里的虚拟世界（官方示意图）

第五，我们也可以跨越时空参观其他区域，如图2-19所示。

图2-19　元宇宙希壤App里的虚拟世界（官方示意图）

第六，我们可以参观虚拟汽车，汽车的3D结构轮廓清晰，但无法近距离看细节，界限明显却不能互动，真实感降低，如图2-20所示。

图2-20　元宇宙希壤App里的虚拟世界（官方示意图）

第七，展馆里人数很少，有865个人使用安卓App下载，165个人使用苹果App下载，进入虚拟空间的人比较少，如图2-21所示。

图2-21　元宇宙希壤App里的虚拟世界（官方示意图）

第八，整体沉浸式体验真实感较低。游戏参与者的说话声音同步，总能听到有人说路怎么走，从哪里离开，怎么回来了等，如图2-22所示。

图2-22 元宇宙希壤App里的虚拟世界（官方示意图）

第九，从整体上看，画面偏向动画，版本细腻度不够。在其应用领域还需要更多的沉浸感，同时在人机互动、3D空间形成等方面仍需完善。相比之下，Rblox的画面的二维动画感较强。因此，百度元宇宙要想获得众多消费者的认可，仍有较大改进空间，可谓任重道远。

◎ 从"希壤"看百度布局元宇宙

要想起底百度元宇宙发展的历程，可以溯源2016年百度推出的WebVR。当时，和百度一样在VR产业摸索的还有谷歌和火狐。这三家企业都是以搜索引擎起家，百度于2016年9月15日正式推出 VR 浏览器安卓1.0版本，同年11月谷歌推出VR平台。百度始终深信自己的优势是从PC端到移动端在搜索引擎方面积累的经验，可以说百度更加了解自己的定位。

值得一提的是，百度随即提出夯实移动基础，即"决胜AI时代"的新战略。基于多年的行业积累经验、对行业清晰准确的预判和明确的战略发展方向，助推百度正式把VR作为发展战略的重要环节。万事开头难，百度在刚开始发展VR的两年，效果并不十分明显，但经过不断地迭代与试错，终于在2018年将VR重心转向B端①市场，重心的转移迎来了新的发展。在转向B端市场后，百度在2018年世界VR产业大会上，实现场景交互性更强的K12课堂和电力实训落地。2018年6月，在安徽的一所小学，百度VR推出了百度智慧课堂，学校对VR形式的接受度很高，孩子们兴趣浓厚，试点效果非常好。

从2016年到2018年，整个VR行业从最初的火爆逐渐走向低沉。百度也曾说过，2018年是一个谨慎验证的过程，在2019年也只敢进行小范围的商业尝试。直到2020年，百度才进行了大规模的实践。

到了2021年6月，百度智能云在"云智技术论坛上"首次发布了百度VR 2.0全景架构，把包括工业、企业、营销、展览、教育领域在内的场景链接起来，推动百度VR的场景落地。VR技术是元宇宙的技术基础，未来"希壤"也将协同百度VR向B端落地场景发力，加速元宇宙平台的落地生根。

2021年10月29日到2021年11月5日，在百度在线网络技术（北京）有限公司的加持下，百度把目光聚焦到App和地图领域，在不同的国际分类中均注册了商标，其中包括"METAMAPS、METAMAP、METAAPP"三个商标，见表2-4。

表2-4　百度元宇宙商标申请情况

序号	申请注册号	国际分类	申请日期	商标名称	申请人名称
1	60345092	42	2021年11月5日	METAMAP	百度在线网络技术（北京）有限公司
2	60345075	9	2021年11月5日	METAMAP	百度在线网络技术（北京）有限公司
3	60342188	39	2021年11月5日	METAMAP	百度在线网络技术（北京）有限公司

① B端与C端的区别是B端面向客户，C端面向用户。

续表

序号	申请注册号	国际分类	申请日期	商标名称	申请人名称
4	60262773	9	2021年11月1日	METAMAP	百度在线网络技术（北京）有限公司
5	60254604	42	2021年11月1日	METAMAP	百度在线网络技术（北京）有限公司
6	60254064	42	2021年11月1日	META MAPS	百度在线网络技术（北京）有限公司
7	60254038	39	2021年11月1日	METAMAP	百度在线网络技术（北京）有限公司
8	60242246	39	2021年11月1日	META MAPS	百度在线网络技术（北京）有限公司
9	60236649	9	2021年11月1日	META MAPS	百度在线网络技术（北京）有限公司
10	60216386	38	2021年10月29日	METAAPP	百度在线网络技术（北京）有限公司
11	60211670	9	2021年10月29日	METAAPP	百度在线网络技术（北京）有限公司
12	60194976	42	2021年10月29日	METAAPP	百度在线网络技术（北京）有限公司

以下为百度元宇宙商标涉及的国际分类情况，见表2-5。

表2-5　百度元宇宙商标涉及的国际分类

国际分类	内容
第九类	科学、航海、测地、摄影、电影、光学、衡具、量具、信号、检验(监督)、救护(营救) 和教学用具及仪器，处理、开关、传送、积累、调节或控制电的仪器和器具，录制、通讯、重放声音和形象的器具，磁性数据载体，录音盘，自动售货机和投币启动装置的机械结构，现金收入记录机，计算机和数据处理装置，灭火设备
第三十八类	电信
第三十九类	运输，商品包装和贮藏，旅行安排
第四十二类	科学技术服务和与之相关的研究与设计服务，工业分析与研究，计算机硬件与软件的设计与开发

元宇宙方兴未艾，尽管百度已经奔跑在元宇宙赛道的前列，但同时也

面临腾讯等巨头的竞争，后者同样拥有技术能力并且堪称游戏和社交领域的"霸主"。值得注意的是，腾讯擅长的游戏和社交，也是百度在元宇宙概念中最缺的环节。

当然，元宇宙目前处在过度预期的风口浪尖，只有等待潮水退却后，方能知道大家的底牌。至于百度和其他"玩家"如何讲好自己的元宇宙故事，还要等待时间的验证。

元宇宙方兴未艾，大家都不愿错过元宇宙这块大蛋糕。但客观来说，只有经过试错和实践，元宇宙才会显露它应有的价值本色。在此之前，作为逐浪的竞争者唯有顺势而为，才不失为最佳选择。

2.5　腾讯：由实入虚的"全真互联网"

除百度之外，腾讯也开始了对元宇宙的探索和布局。

2020年12月，马化腾在腾讯出品的《三观》年度刊物中首次提及"全真互联网"概念，并强调这是腾讯未来必须打赢的一场战役。其实马化腾提出的"全真互联网"与元宇宙有很多异曲同工之处，但与Meta深耕VR设备和生态领域不同，腾讯选择从游戏出发触达元宇宙。2021年，腾讯的核心开发团队在北美新建了多家工作室，旨在开发一款类似于电影《头号玩家》中绿洲虚拟社区的游戏，风格更偏于写实，可增强虚拟世界中的体验感。

目前，在腾讯元宇宙发展的征程上，轰动效应最大的莫属腾讯在2019年5月宣布和"元宇宙第一股"——罗布乐思（Roblox）合作成立中国公司。2020年2月，淡马锡、腾讯等资本积极参与该股的1.5亿美元G轮融资。

2021年年初，Roblox在美股一上市，市值就直逼500亿美元。

除了和Roblox合作，腾讯也是元宇宙热门游戏制作团队之一Epic Games[①]的大股东。Epric Games拥有游戏引擎UE4作为底层技术，前文提及的《堡垒之夜》便是其代表作之一，该游戏已经成为一个在全球拥有约3.5亿注册玩家的虚拟娱乐社交平台。

自2017年上线后，《堡垒之夜》的规模一直在稳步增长。2018年年底，《堡垒之夜》第七赛季，Creative模式正式上线，玩家可以在自己的私人岛屿和朋友一起设计游戏，随意建造。2020年，《堡垒之夜》更新到12.50版本后，"Party Royale"（派对岛）正式上线，它致力于构建一个无须做任务的虚拟空间。玩家可以在岛中随意闲逛，与朋友畅聊，也可以参与一些小游戏等。2021年4月13日，Epic Games宣布获资10亿美元，用于继续构建元宇宙业务。

显然，腾讯此举是希望借助《堡垒之夜》和Epric Games的制作团队，发展自身构建元宇宙游戏的底层技术。

◎ 腾讯和他的元宇宙畅想："上不了船的人将逐渐落伍"

据腾讯官方统计，截至2021年9月30日，腾讯在第三季度营收1423.68亿元，同比增长13%，净利润395亿元，同比增长3%，毛利为627.47亿元，同比增长11%。其营收主要分三大板块：金融科技与企业服务收入433亿元，同比增长30%；网络广告业务收入225亿元，同比增长5%；增值服务业务收入752亿元，同比增长8%，增值业务主要是社交互联网和游戏收入，占总营收额的52.8%。

---

① Epic Games是近十年来最负盛名的游戏制作团队之一，主要是得益于其旗下较为畅销的《战争机器》系列。

说到社交和游戏，腾讯旗下的QQ和微信几乎覆盖了我国整个互联网用户的社交网络。我国第一大社交网络微信MAU（月活跃用户人数）为12.25亿，QQ仅次于微信，MAU为5.95亿。腾讯游戏客户端和手游用户全国第一，游戏收入世界第一。除此之外，腾讯在娱乐内容方面也有巨大优势，2020年1月22日上线的视频号，仅用了一年半DAU（日活跃用户数量）就仅次于抖音，高达5亿；腾讯还拥有我国最大的线上图书内容；腾讯音乐则是我国第一大在线音乐服务提供商；而腾讯视频是全国付费用户最多的视频网站。

在元宇宙概念下，腾讯初期的变现主要围绕"社交+内容+娱乐"开展，目前变现途径主要是游戏业务、广告业务和其他内容业务。但面向元宇宙布局，腾讯的企业服务和金融支付将有更广阔的发展空间。

可见，腾讯无论是从最底层的游戏开发虚幻引擎、大数据中心、云计算，还是中层各类产品内容相对成熟的社交互联网生态，抑或是上层组织管理对企业的战略布局调整，都具备了向元宇宙进军的基础条件。

与此同时，挑战同样不容小觑。现在未成年人痴迷游戏的越来越多，国家已经开始出手干预。2021年8月，国家新闻出版署发布了《关于进一步严格管理切实防止未成年人沉迷网络游戏的通知》，严格限制向未成年人提供网络游戏服务的时间，所有网络游戏企业仅可在周五、周六、周日和法定节假日每日20时至21时向未成年人提供1个小时服务，其他时间均不得以任何形式向未成年人提供网络游戏服务。对未严格落实的网络游戏企业，依法依规严肃处理。腾讯2021年第三季度财报显示，2021年9月，未成年人在腾讯游戏平台的本土市场游戏流水下降至1.1%，同期为4.8%，未成年人的游戏市场占比下降至0.7%，去年同期为3.4%。未来，伴随着国外UGC游戏的流行，国内也在逐步研发和推行这种游戏模式，当用户创作的虚拟币、加密币等问题凸显时，势必会迎来新一轮的政策监管和督查。这不只是腾讯面临的问题，也提醒了所有后来者在大力发展元宇宙的同时，更要合法合规。

2021年9月29日，腾讯申请注册了"QQ元宇宙"商标，经国家知识产权局商标局官网查证，截至2021年12月底，商标状态为"等待实质审查"中，如图2-23和图2-24所示。

此前，腾讯已经申请注册与元宇宙相关的商标，如"王者元宇宙""甜蜜元宇宙"和"甜美元宇宙"相关的商标。

				检索到5件商标		
序号	申请/注册号	国际分类	申请日期	商标名称		申请人名称
1	59594479	35	2021年09月29日	QQ元宇宙		**腾讯科技（深圳）有限公司**
2	59591936	28	2021年09月29日	QQ元宇宙		**腾讯科技（深圳）有限公司**
3	59569328	25	2021年09月29日	QQ元宇宙		**腾讯科技（深圳）有限公司**
4	59568545	38	2021年09月29日	QQ元宇宙		**腾讯科技（深圳）有限公司**
5	59121985	45	2021年09月09日	QQ元宇宙		**腾讯科技（深圳）有限公司**

总记录数：**5** | 页数：**1/1**

图2-23　腾讯QQ元宇宙商标注册情况[①]

QQ元宇宙	商品/服务	广告；计算机网络和网站的在线推广；在通信媒体上出租广告时间；为零售目的在通信媒体上展示商品；提供商业信息；替他人推销；人事管理；在计算机数据库中更新和维护数据；为商业或广告目的的汇编信息索引；寻找赞助；查看详细信息
	类似群	3501;3502;3503;3504;3506;3508;

申请/注册号	59594479	申请日期	2021年09月29日	国际分类	35
申请人名称（中文）	腾讯科技（深圳）有限公司				
申请人名称（英文）					
申请人地址（中文）	广东省深圳市南山区高新区科技中一路腾讯大厦35层				
申请人地址（英文）					
初审公告期号		注册公告期号		是否共有商标	否
初审公告日期		注册公告日期		商标类型	一般
专用权期限				商标形式	
国际注册日期		后期指定日期		优先权日期	
代理/办理机构	深圳市金信启明知识产权代理有限公司				
商标流程	点击查看				
商标状态图标		LIVE/APPLICATION/Awaiting Examination 等待实质审查			

图2-24　腾讯QQ元宇宙商标注册审核情况[②]

---

① 图片来源：国家知识产权局商标局官网截图。
② 图片来源：国家知识产权局商标局官网截图。

很多专业人士认为，元宇宙囊括了太多的技术要素，只有各层面协调配合才能完美呈现，因此现在就论及元宇宙成功与否为时尚早。但当元宇宙这把火被腾讯点燃时，或许就已注定这熊熊火焰只会越燃越烈。正如马化腾在《三观》中写的那样："现在，一个令人兴奋的机会正在到来，移动互联网十年发展，即将迎来下一波升级，我们称之为'全真互联网'……虚拟世界和真实世界的大门已经打开，无论是从虚到实，还是由实入虚，都在致力于帮助用户实现更真实的体验……随着VR等新技术、新的硬件和软件在各种不同场景的推动，我相信又一场大洗牌即将开始。就像移动互联网转型一样，上不了船的人将逐渐落伍。"

2.6　字节跳动：力争打造"软硬一体"的 VR/AR 生态系统

有人说，元宇宙如此多娇，引得企业大佬竞相追逐。除百度、腾讯外，字节跳动也在元宇宙的赛道上持续发力。自2015年起，字节跳动就开启了以技术为核心的全球化发展战略。多年来，字节跳动一直在VR/AR领域进行探索和研究，比如环境理解、交互系统等就是其研发的新技术成果。随着2017年旗下产品抖音相继推出了VR社交、AR滤镜、AR扫一扫、AR互动等新功能，预示着字节跳动正加速向元宇宙方向挺进。

◎ 字节跳动布局元宇宙的投资策略

投资 1. 字节跳动花费一亿元人民币投资了元宇宙概念游戏公司——代码乾坤。

代码乾坤是一家专注于手机游戏研发的公司，它被称为中国版Roblox。有位代码乾坤的高管曾公开表示："广募各路英才，重启新世界Reworld。让我们一起创造元宇宙，梅塔沃斯。"

其实，字节跳动很早就开始关注了这家游戏公司。代码乾坤研发的《重启世界》是全国第一家全物理交互引擎游戏，能够模拟现实世界碰撞、高空加速下落、车辆撞击等情景，效果逼真。当众多企业看准投资这款元宇宙概念的游戏公司时，字节跳动先人一步以1亿元人民币投资了代码乾坤。纵观字节跳动对《重启世界》的情有独钟，也不得不让我们看到其对于元宇宙的关注与布局。

投资 2. 字节跳动以 15 亿美元的高价收购了 Pico。

2021年8月，字节跳动在与腾讯竞争收购Pico取胜后，便斥巨资15亿美元成功收购VR微软硬件制造商Pico。

Pico是一家致力于研发虚拟现实技术和产品的公司，成立于2015年，创始人周宏伟自2012年就与研发团队一起研发VR技术硬件，在声学、图像、光学、硬件与结构设计、操作系统底层优化、空间定位与动作追踪等VR核心技术领域，共获得300多个授权专利，让VR/AR设备迎来了崭新的时代。2015年，首发Pico1独立产品，如图2-25所示。

图2-25 Pico1官方示意图

成立至今，Pico的市场销售业绩逐年飙升，并在2020年成为国内VR一体机市场的领军企业，占据国内VR市场份额的57.8%，超过了华为、小米等龙头企业，其VR耳机总销量几十万台。

收购Pico对双方来说都大有裨益。对字节跳动来说，可以借助Pico的VR/AR技术将市场做大做强；对Pico来说，可以在字节跳动强大的生态能力下提升发展VR/AR软硬生态。字节跳动将持续投资Pico的VR/AR领域，在从Pico吸纳软件、硬件及其专业知识的优势后，继续拓展和深化在元宇宙的长期投资，进一步探寻自己的元宇宙平台。

投资 3. 字节跳动投资持股众趣（北京）科技有限公司。

2021年11月4日，字节跳动关联公司北京量子悦动科技有限公司进入了众趣（北京）科技有限公司的新增股东名单里，据股东持股比例数据显示，字节跳动在众趣科技的持股为6.67%。与此同时，公司的注册资本也比以前增加了30多万元，如图2-26所示。

序号	发起人/股东		持股比例	认缴出资额	实际出资额
1	众易趣达	天津众易趣达科技中… 股权结构 >	16.02%	31.3万(元)	31.3万(元)
2	奥比中光	奥比中光科技集团股… 股权结构 >	12.21%	23.8万(元)	-
3	量子跃动	北京量子跃动科技有… 股权结构 >	6.67%	13.0万(元)	-
4	海纳华	海纳华(上海)股权投资… 股权结构 >	6.67%	13.0万(元)	-
5	工业园区	苏州工业园区八二五… 股权结构 >	5.97%	11.7万(元)	11.7万(元)
6	黄	黄敏声	TA有4家企业 >	4.4%	8.6万(元)	8.6万(元)
7	广联达	宁波广联达英诺投资… 股权结构 >	4.33%	8.5万(元)	8.5万(元)
8	中小企业	中小企业发展基金(南… 股权结构 >	3.33%	6.5万(元)	-
9	华本联合	北京华本联合仁达投… 股权结构 >	2.08%	4.1万(元)	4.1万(元)

图2-26 字节跳动投资元宇宙相关公司[1]

众趣（北京）科技有限公司是一家VR数字孪生云服务提供商，是基于AI机器视觉算法和互联网技术，专注于大空间3D数字化研发、技术服务的

---

[1] 图片来源：企查查。

科技型企业。[①]

2021年，众趣科技相继推出了VR数字孪生云服务平台、众趣VR-Lite、激光扫描设备、VR售楼处等多领域的产品。众趣科技的空间数字化技术能够为元宇宙的缺失提供补充，让元宇宙从虚拟走向现实生活。创始人高翔说："元宇宙的基础设施，应该是基于物理地球的数字孪生克隆体，只有基于真实去构筑虚拟，才能让用户体验到高度的沉浸感。就是从数字孪生一个房间、一栋大楼到整个宇宙，搭建元宇宙基础设施。"他还表示，众趣科技的企业愿景正是把真实世界的物理空间通过"克隆"的形式，挪到了互联网的虚拟世界，就像再创造一个虚拟地球。

众趣科技与阿里巴巴合作后，旗下的应用场景也与阿里的实景-Go[②]进行了融合，打造了家庭实景的3D复制场景，在"家"场景内部呈现三维立体的全景效果，包括家具、家电等搭配摆放。之后，字节跳动旗下的幸福里[③]为了VR全景技术与众趣合作。自此，VR的全景看房服务全面上线。

VR/AR技术是搭建元宇宙的重要突破口，随着此项技术不断升级和完善，实现元宇宙指日可待。

综合来看，字节跳动进入元宇宙的梦想正在向全世界辐射，从Pico的硬件优势到众趣科技的VR数字孪生，字节跳动借助VR硬件升级推动应用程序升级，使虚拟现实软件与硬件相互促进发展，最终打造完整的VR/AR生态系统，这也可能构筑起未来的元宇宙生态。

当然，尽管越来越多的头部企业在向元宇宙赛道进发，但很多企业对元宇宙的探索还停留在概念的表面，未能更深入地探究，而未来才是元宇宙竞争的真正赛场。

---

① 出处：百度百科。

② 实景-GO为阿里的实景复刻技术。

③ 幸福里：幸福里衍生自今日头条房产频道，现为字节跳动旗下的独立App，定位于房产综合信息平台，为用户提供全面、专业、可靠的购房决策支持。

2.7 华为：Cyberverse 引擎开启数字宇宙

随着众多互联网企业及科技巨头争相入局，如果哪家大企业还未申请关于元宇宙的商标，似乎显得有些跟不上时代了。一直在科技前沿领跑的华为，这次自然也不甘人后。

2020年，华为在很多企业还未完全了解元宇宙概念时，便在商标方面进行布局，它注册了多个有关元宇宙概念的商标，商标的设计主要以“元”和“META”的形式呈现，比如“元能力”“元程序”“META STUDIO”“META AAU”等。

2021年11月，华为又申请了很多含有“META”字样的商标——“HUAWEI METASERVERLESS”“HUAWEI METAFUNCTION”，由于“META”的中文意思是元宇宙，我们暂且可将其理解为华为的元宇宙云服务。

商标基础信息　　企查查

基本信息

商标图案	METAMEDIA		
商标名称	METAMEDIA	国际分类	42类 设计研究
申请/注册号	60886808	商标状态	注册申请中
是否共有商标	否	商标类型	普通商标
优先权日期	-	商标形式	-
国标注册日期	-	后期指定日期	-
类似群			

法律节点

商标申请日期	2021-11-25	专用权期限	-
初审公告期号	-	初审公告日期	-
注册公告期号	-	注册公告日期	-

法律主体

申请人名称(中文)	华为云计算技术有限公司	申请人名称(英文)	-

图2-27　华为注册元宇宙商标①

① 图片来源：企查查。

无独有偶，就在同一个月，华为旗下的华为云计算技术有限公司也申请了带有“META”的商标，取名为“METAMEDIA”，商标基础信息栏里显示其国际分类为设计研究，如图2-27所示。

同年12月，华为技术有限公司又一次向国家知识产权局商标局申请了两件与元宇宙有关的商标，两件商标的名称为“元OS”，一个商标的国际分类是9类科学仪器，另一个商标的国际分类是42类设计研究，如图2-28所示。

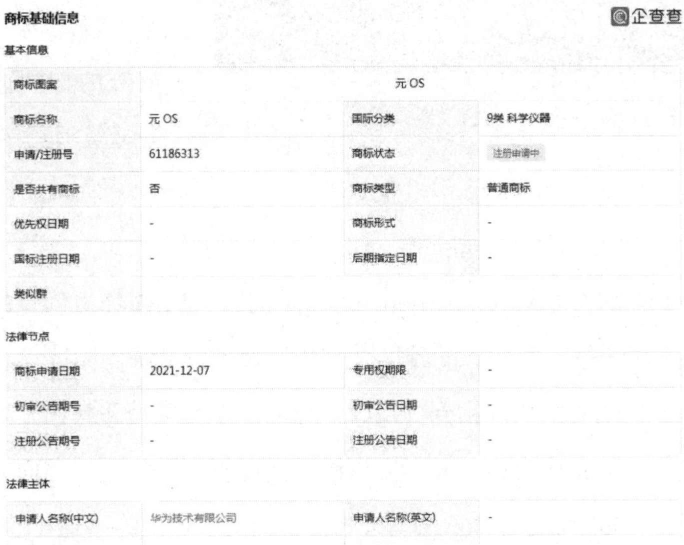
商标基础信息　企查查

基本信息

商标图案	元 OS		
商标名称	元 OS	国际分类	9类 科学仪器
申请/注册号	61186313	商标状态	注册申请中
是否共有商标	否	商标类型	普通商标
优先权日期	-	商标形式	-
国际注册日期	-	后期指定日期	-
类似群			

法律节点

商标申请日期	2021-12-07	专用权期限	-
初审公告期号	-	初审公告日期	-
注册公告期号	-	注册公告日期	-

法律主体

申请人名称(中文)	华为技术有限公司	申请人名称(英文)	-

图2-28　华为注册元宇宙商标[1]

当然，华为这样的科技巨头企业怎么可能只在商标方面布局，其实它早已经在有关元宇宙的其他方面大显身手了。

◎ 华为深圳园区上空的“不明飞行物”——“星光巨塔”

2021年10月的某一天，原本平静而美丽的华为园区上空，意外出现

① 图片来源：企查查。

华为中国

11月04日 10:03 来自 微博视频号

2021年10月的某一天，原本平静而美丽的华为园区上空，意外出现了一个不明飞行物。这场入侵让能量原石散落于河图宇宙，为收集星光，复原原石，码chine姐姐和Antenna化身星光勇士，开启了一场名为"星光巨塔"的特别任务，展开拯救河图宇宙的AR夺宝大战#码chine姐姐聊5G# □华为中国的微博视频

图2-29　华为新浪微博关于"星光巨塔"App的宣传文案

了一个"不明飞行物"。这场"入侵"让能量原石散落于河图宇宙，为收集星光，复原原石，码chine姐姐和Antenna化身星光勇士，开启了一场名为"星光巨塔"的特别任务，展开拯救河图宇宙的AR夺宝大战，如图2-29所示。

这是华为在发布"星光巨塔"App时的一段文案。

"星光巨塔"是华为利用Cyberverse（河图）的AR技术创建的虚拟与现实相融合的App。在这个世界里，九色神鹿可以在华为园区里自由地穿梭，从虚拟到现实，从现实到虚拟，这样的虚实交融若非是亲眼所见，真的难以置信。标有华为英文商标字样的星光能量高塔屹立于湖面上，发出耀眼的光芒，如图2-30、2-31所示。

图2-30　华为新浪微博关于"星光巨塔"官方宣传图

图2-31 华为新浪微博关于"星光巨塔"App的视频宣传文案

基于数字孪生、元宇宙Metaverse等概念的华为河图集合了多项数字化能力，包括空间计算能力、3D高精地图能力、强环境理解能力和超逼真的虚实融合渲染能力等，这些能力共同构建了地球级虚实融合世界，能够让用户有沉浸感十足的交互体验，如图2-32所示。

例如，星光巨塔App中设置的共御奇袭、星光迷局、巨塔之役、探宝迷域4个主线任务，以及相对难度更高的4个支线任务。用户可以跟随App中主线任务和支线任务的指引进入虚实融合的世界，然后可以收集能量、寻找NPC、搜索宝箱、占领能量塔、团战打怪，最终完成任务，获得胜利，同时会看到自己的战绩。

当你在现实世界看到非洲草原、九色神鹿、白垩纪、丢手绢等场景时，请不要被吓到，这证明你正在完成一个任务，它就是河图宇宙的"星光迷局"！如图2-33所示。

图2-32　华为开发者大会2021官方宣
传图

图2-33　华为河图App中的场景截图

这个耀眼的庞然大物是做什么的呢？其实它是对方阵营的能量塔，你需要赶快向它发射电磁炮，然后为其加上个防御罩据为己有，使它能够不断地为你输送星光值，这个任务的名字是"巨塔之役"，如图2-34所示。

图2-34　华为河图App中的场景截图

在团战中，你需要与团队成员共同作战打败对方阵营的团队，在取得胜利的同时，天空会出现巨型飞船，击毁它就有神秘宝箱等着大家开启，获得你想要的高级装备和礼品，如图2-35所示。

图2-35　华为河图App中的场景截图

很多人会好奇，我们为何会在现实环境中看到这些AR虚拟世界中的人和物呢？这就不得不提到一款神秘的武器——图鸦App，如图2-36所示。

图2-36　华为河图内容创作工具——图鸦App

图鸦App是华为河图的内容创作工具，这款内容创作工具中含有大量的AR素材和可复用的AR模板，具有升效降本的作用。星光巨塔就是它已有的AR游戏模板，用户可以选择任意的素材和模板，并将其放在真实的环境中。而且这款App属于开放式平台，创作者的AR作品都可以永久地保留。它就像你打造一个魔法王国的"魔法棒"，帮助你将现实世界变成梦想中的魔幻世界，体验打破次元壁的无限乐趣。

◎ 元宇宙底层技术架构的"中国之光"

有人说，华为河图是元宇宙底层技术架构的"中国之光"。其实，华为从底层技术出发开始布局元宇宙，不只体现在"河图"上，还包括在硬件及操作系统、后端基建、底层构架以及内容与场景上，都进行了全方位的扩建与充实。同时，华为通过自研、与游戏厂商合作、扶持开发者等多种形式，不断优化数字产品的内容生态，使华为向元宇宙的金字塔顶端逐渐靠近，见表2-6。

表2-6 华为河图涉及的底层技术

硬件及操作系统	后端基建	底层架构	内容与场景	人工智能	协同方
华为 VR Glass 一体机 MataStation X HarmonyOS 鸿蒙系统 海思XR专用芯片 VR/AR技术储备	华为Cloud VR 投资AR光波导公司鲲游光电 华为5G	华为河图 通用AR引擎"华为AR Engine" XR内容开发工具Reality Studio 自研VR/AR SDK	华为应用商店 华为VR音视频生态平台 3D内容平台		

1. 华为在硬件及操作系统上的布局

众所周知，硬件和软件系统是元宇宙构建的关键性要素。华为从2019年起就开始在产品的硬件和软件系统上进行了不断升级与调整。Mate 30系列手机发布的华为 VR Glass，支持3200*1600屏幕分辨率以及蓝牙耳机；而华为一体机 MateStationX的Box3 平台为用户提供了3D 沉浸式体验；鸿蒙系统可以通过 HuaweiShare 实现各类设备的互联互通；VR/AR技术储备以及海思 XR 专用芯片，前者申请了上万件VR/AR专利，后者集成 GPU、NPU 的 XR 芯片，具有超强的解码能力，让用户可以看到更清晰的效果。

2. 华为在后端基建上的布局

后端基建是互联网的重要组成部分，它是支撑互联网稳定运行的组件。华为 5G、华为 CloudVR以及投资 AR 光波导公司鲲游光电，都是华为重视后端基建的体现。例如，华为作为5G的领军企业，推出了5G多模芯片解决方案巴龙5000。在此基础上，5GCPEPro、华为Mate20X5G手机已拿到了中国5G终端电信设备进网许可证，未来还将加速5G车载模组、5G电视等终端应用的全面落地。

3. 华为在底层架构上的布局

除了前文提到的河图之外，华为近年还自研了VR/ARSDK、华为 AR 引擎以及XR内容开发工具 Reality Studio等。其中，华为云VR云渲游平台安卓SDK能够通过网络优化算法将捕捉的运动数据上传到云端，通过渲染解码后在连接的设备上便可看到清晰的画面；华为 AR 引擎与华为Reality Studio分别可打造虚实融合的交互场景和3D 可交互场景，覆盖教育培训、电商购物等行业，为用户带来全新体验。

4. 华为在内容与场景上的布局

华为依托VR 技术创建了华为 VR 音视频生态平台，为用户提供更优质、极致的音乐效果，随时享受完美的 VR 音乐内容；华为应用商店能够满足用户下载各类VR内容的应用；3D 内容平台可以方便开发者沟通交流，助力华为在VR/AR 等领域打造更为优质的内容体验。

随着华为的重磅入局及其元宇宙各个产业链发展的日臻成熟，或许在将来的某一天，华为便可在虚拟世界与现实世界之间搭建一个巨大的高架桥，将虚拟和现实深度融合为元宇宙的人类命运共同体，实现人类自由穿越时空的梦想。

同时，在数字化技术的加持下，各个行业将不得不加快转型，这更有益于构筑一个真正开放共赢的元宇宙健康生态。

2.8　网易：欲打造全球最大的虚拟角色社交平台

在网易云音乐没出圈以前，一向佛系的网易创始人丁磊似乎从来不追风口。但在2021年12月17日的"网易未来大会"上，丁磊不仅通过视频向与会者表达了自己对元宇宙的看法，更表示网易欲在未来打造全球最大的虚拟角色社交平台，抢跑元宇宙。

从丁磊的视频讲话看，他认为：我们的生活正被虚拟世界悄悄地改变，谁也不知道未来世界会在元宇宙的影响下发展成什么样子。元宇宙会是互联网的终结时代吗？我们无从知晓。但至少我们可以肯定，对人类来说，持续探索未知世界是实现梦想的最佳路径。

至于丁磊打算如何布局元宇宙，这要从网易云音乐的上市说起。

◎ 网易举办元宇宙上市仪式并从虚拟人切入元宇宙

2021年12月2日，网易云音乐在港交所挂牌上市，并通过网易伏羲沉浸式活动系统"瑶台"，举办全球首个"元宇宙"上市仪式。在仪式现场，两个AI虚拟人"丁磊"同时亮相，他们分别是2000年穿着黑色西服的29岁的丁磊和2021年50岁的丁磊，如图2-37所示。

此外，线上参与活动的嘉宾也有各自的数字分身，可以通过操控数字分身来参与活动。

图2-37　网易云音乐香港交易所上市庆典 直播截图

网易"云敲锣"仪式，不仅意味着公司股票正式登陆香港交易所，还标志着其业务布局从此跨入了元宇宙时代。

以上活动是网易首次表明发展元宇宙的态度。此前，丁磊曾在一次电话会中说："元宇宙是一个很火的概念，网易在元宇宙相关的技术和规则上都做好了准备。我们相信，元宇宙真正降临的那一天，网易有能力快速抢跑。"

"瑶台"作为此次活动系统的线上平台，是网易元宇宙技术的代表之一。还有，此前举办的生物矿化国际研讨会等学术会议都是通过"瑶台"沉浸式系统，让线上参与嘉宾进行互动交流。网易同时还涉猎VR、AR、人工智能、区块链等数字虚拟技术领域，伏羲"瑶台"只是众多数字化产品的冰山一角。

其实，网易伏羲的虚拟技术布局并不是现在才开始发力的，其肇始于四年之前。这也代表了其对元宇宙世界有一定的前瞻性，并愿意一步步地付诸行动。

元宇宙风潮席卷而来，在此情况下，网易是否已经准备好在枪响的时候率先领跑呢?

虚拟人是网易切入元宇宙的第一步,也是最重要的技术。

凡是参与网易云音乐上市线上活动的嘉宾,都可以控制自己的数字分身在会场内自由走动,同时还可以随时与两个虚拟人丁磊拍照合影,满足嘉宾参与线上活动的沉浸式体验。这项技术就是网易伏羲的虚拟人技术。

虚拟人技术是网易近年来一直在深入研究和探索的课题。自2017年网易伏羲成立起,游戏和泛娱乐AI研究应用的相关技术就成为他们重点关注的领域,其中包括虚拟人、图像动作、自然语言、用户画像、强化学习五大研究方向。

例如,游戏《逆水寒》中的AI捏脸技术,这是网易伏羲首次落地该项应用技术的游戏。起初,玩家虽然能够在游戏中设定游戏角色,但是游戏角色设定的选项比较少,不能满足玩家个性化设定的代入感需求。基于这一点,网易伏羲在原来捏脸功能的基础上开始了迭代调整和升级,从计算效率、对话、声音、表情等方面进行提升和优化,让每个玩家有更多可能去设置独有的个性化角色,因此也俘获了大量玩家的好评。就像网易技术研究人员所说:"未来的游戏一定是像《头号玩家》一样,会拥有更多的智能角色"

未来,AI技术还将在游戏领域持续发展。就网易来说,除了在内部全面布局伏羲外,还把目光放到了外部虚拟人产业的投资等方面。例如,2021年投资的虚拟交互式的美国直播公司Maestro、元宇宙社交平台Imvu等,覆盖了从研发场景到应用场景的各个环节。

至此,网易虚拟技术布局已形成清晰、完整的产业链,并将持续构建多样化、场景化的虚拟人,最终打造多个平台共建、生态互通的元宇宙。

有了技术支撑,网易如何让"瑶台"元宇宙真正落地?

当AI虚拟人技术在游戏上有了初步尝试后,网易伏羲应如何推动元宇宙场景真正落地到线下场景呢？

疫情之下，远程办公成为不少职场人常用的办公方式。网易伏羲发现，网上举办大型会议时缺少仪式感和参与感，比起听课和会议，社交需求同样也需要被重视。

当想法确定后，接下来就是落地实践了——最初"瑶台"落地是在第二届国际分布式人工智能学术会议上，会议在网易旗舰级武侠端游《逆水寒》中落下帷幕。其中，大会使用的沉浸式会议系统，由网易伏羲实验室全球首创，使用了云游戏等六项专利技术，全球300多位人工智能领域学者首次"穿越"到一个古色古香的游戏场景里参会。

在"瑶台"大显身手后，网易又乘胜追击，结合主办方和参会方的不同需求，对其产品进行了改进和调整。

经过完善后，当参与者进入页面时，首先可通过教程简单快捷地了解会议的功能，这样能够让初体验者迅速被代入场景中，便于掌握各项功能的应用。其次，"瑶台"线上还原了现实世界中近距离范围内参会者讨论时的社交场景，一旦与会者走进两米的范围内就可开启聊天功能，超出这个范围便自动关闭聊天功能，使与会者可以体验到较为强烈的沉浸感。

站在主办方的角度上，"瑶台"围绕会议风格、抽奖环节、会议活动组织等方面，进行了不同程度的升级。尤其是加入UGC内容，为用户提供了演唱会、家庭聚会甚至上百人规模活动室的素材内容。

2021年12月4日，网易创新企业大会发布了多项元宇宙相关应用的解决方案，包括虚拟世界数字内容风控解决方案、游戏 / VR 语音解决方案、IM + RTC + 虚拟人解决方案等。虚拟技术、VR项目投资的布局、B端应用的研究、网易有道业务的拓展、网易云音乐 AI智能创作单曲的推出等，更是网易进军元宇宙最好的例证。

虽然元宇宙距离真正落地还有很长一段距离，但网易对于元宇宙的布局，似乎在其近年来的发展脉络中早有体现。可见，丁磊并不是不愿追风口，而是当他瞄准了真正的风口后，直接撞向风口。当然，在未来通向元宇宙之路上，网易还需要和更多的“追风者”一起探索，才能最终将风口落地，让元宇宙成为现实。

2.9 阿里巴巴："早有预谋"的电商元宇宙布局

当百度、腾讯等公司纷纷布局元宇宙之时，很多人好奇，作为BAT三巨头之一的阿里巴巴在元宇宙方面将有怎样的举动?

2021年12月6日，阿里巴巴终于给出了答案——成立了元境生生（北京）科技有限公司。彭卫为该公司的法定代表人，注册资金为1000万元人民币，主要经营的业务有软件开发、技术咨询、技术交流、技术转让等。控股权完全在杭州阿里创业投资有限公司旗下，如图2-38和2-39所示。

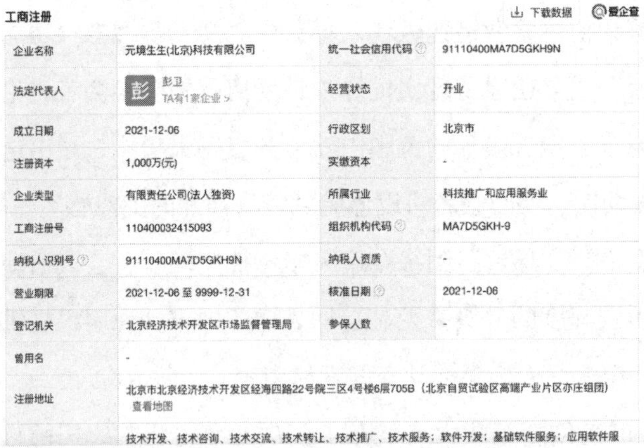
工商注册

下载数据 爱企查

企业名称	元境生生(北京)科技有限公司	统一社会信用代码	91110400MA7D5GKH9N
法定代表人	彭 彭卫 TA有1家企业 >	经营状态	开业
成立日期	2021-12-06	行政区划	北京市
注册资本	1,000万(元)	实缴资本	-
企业类型	有限责任公司(法人独资)	所属行业	科技推广和应用服务业
工商注册号	110400032415093	组织机构代码	MA7D5GKH-9
纳税人识别号	91110400MA7D5GKH9N	纳税人资质	-
营业期限	2021-12-06 至 9999-12-31	核准日期	2021-12-06
登记机关	北京经济技术开发区市场监督管理局	参保人数	-
曾用名	-		
注册地址	北京市北京经济技术开发区经海四路22号院三区4号楼6层705B（北京自贸试验区高端产业片区亦庄组团） 查看地图		
	技术开发、技术咨询、技术交流、技术转让、技术推广、技术服务；软件开发；基础软件服务；应用软件服		

图2-38 阿里巴巴注册的元宇宙公司[①]

① 数据来源：爱企查。

图2-39　阿里巴巴注册的元宇宙公司

此外，阿里巴巴在新加坡控股的有限公司也申请注册了多项元宇宙相关的商标，例如"阿里元宇宙""钉钉元宇宙"等。

"元境"的成立，不禁让人联想到，阿里巴巴或许早已有了加入元宇宙大军的意愿，只是它此前开拓元宇宙的一系列动作，没有被外界注意到罢了。

◎ 从"元境"和超写实数字人开启元宇宙分支领域布局

提到最先落地元宇宙领域的项目，大多数人首先联想到的就是游戏。作为互联网中的元老级企业阿里巴巴，当然不会放过任何一个创新发展的机遇。

2021年9月，阿里云游戏事业部发布了名为"元境"的新品牌，此品牌在元宇宙底层技术的支撑下，提供了云游戏PaaS能力和开发者平台。

最值得人们关注的是，震惊全球的超写实数字人——AYAYI作为阿里巴巴首位数字人"员工"的亮相。2021年5月，这款国内首个超写实数字人在小红书上惊艳亮相，依靠Unreal引擎创造出来的逼真形象瞬间吸引了万千粉丝的热烈追捧，如图2-40所示。

AYAYI不但填补了国内在数字人这一领域的空白，还参加过主题展览、业务合作等；2021年9月正式成为阿里首位数字人"员工"，成为天猫超级品牌日的数字主理人，如图2-41所示。

图2-40　阿里巴巴震撼全球的超写实数字人——AYAYI①

图2-41　AYAYI成为阿里首位数字人"员工"

无论是超写实数字人AYAYI的推出，还是新品牌"元境"的上市，都可以看出阿里巴巴入局元宇宙的庞大决心。看似是闷声干大事，实则是

---

① 图片来源：AYAYI新浪微博。

"早有预见"，阿里巴巴每一步走得棋高一着。

早在2016年，阿里巴巴的Buy+购物计划上线就预示着其进入元宇宙已是必然。随着元宇宙热潮的到来，2021年阿里巴巴XR实验室的建立和涉足AR/VR领域，表明了阿里巴巴正摩拳擦掌，蓄势待发。

1. VR 购物 Buy+ 计划

阿里巴巴旗下的淘宝在2016年推出了VR购物Buy+计划，该计划一经上线就引起了众多消费者的广泛关注，尤其是在VR圈掀起了一阵购物热。

什么是Buy+呢？它是利用计算机图形系统和辅助传感器，生成可交互的三维购物环境。它所营造的虚拟环境，可供消费者与虚拟世界中的人和物进行直接交流和互动。尤其是很多虚拟环境复制了现实生活中的真实场景，使消费者有更强的购物体验感，如图2-42所示。

图2-42　淘宝VR购物Buy+计划

此后，阿里巴巴又在2017年对Buy+技术进行了升级，通过VR技术提升了消费者购物时的极致体验。消费者只需下载淘宝客户端就可以轻松感受Buy+购物的沉浸式体验，在商场全景中体验实景购物的畅快淋漓，在目的地全景中体验足不出户也能逛街的快感。

2. 在阿里巴巴达摩院建立 XR 实验室

2021年10月，阿里巴巴乘着元宇宙兴起的东风，在达摩院研究所中建立了XR实验室。XR实验室负责人谭平在杭州云栖大会上的演讲中称：元宇宙是下一代互联网，如图2-43所示。

图2-43 阿里巴巴2021年度云栖大会主题演讲

基于三维重建技术构建的XR实验室，能够满足用户在线下的VR模型中畅游，当看到喜欢的商品时就可以随时点开详情并下单购买，让用户真正体验足不出户就漫游世界的沉浸感。

除此之外，XR实验室还在艺术和农业上有了实际的应用。例如，在艺术方面，XR实验室与松美术馆（一家位于北京的美术馆）合作共同研发了AR艺术展，能够让用户在佩戴VR眼镜的情况下，参观来自每一位艺术家设计的虚拟世界，并可在与虚拟元素互动的过程中，感受艺术家创作每幅作品的艺术理念；在农业方面，XR实验室发明设计的农业采摘机器人可以在其构建的整个果园的虚拟三维模型中活动，并完成采摘苹果的任务。

此外，XR实验室打造的智能运维机器人也得到了成功的测试应用，它应用于IDC机房，可以利用触觉和视觉的融合算法，对IDC机房内的各种场景的数据进行盘点和运算，比如换硬盘、资产盘点及巡检等。

3. 阿里巴巴开始招兵买马布局元宇宙

在全球各大企业纷纷投资与元宇宙产业相关的公司时，阿里巴巴当然也不甘示弱，它将目光投向国际知名企业，准备招兵买马。

2016年，阿里巴巴参与了和元宇宙领域相关的AR独角兽Magic Leap（一家美国初创公司）C轮和D轮融资，尤其是在Magic Leap的C轮融资中，阿里巴巴投资7.935亿美元。两年后，Magic Leap推出了头戴式虚拟视网膜显示器，这款虚拟视网膜显示器名字为Magic Leap One，利用虚拟现实技术，将数字光场投射到用户的眼睛中，让用户体验沉浸式的虚拟世界，如图2-44所示。

图2-44 Magic Leap One头戴式虚拟视网膜显示器

据了解，阿里巴巴将继续在淘宝、天猫及支付宝平台融入与元宇宙相关的元素，塑造只属于阿里巴巴的元宇宙平台。不管怎样，阿里巴巴已经成为元宇宙赛道上的一员，而关于元宇宙的未来，正如谭平在《元宇宙：下一代互联网》的演讲中表达的那样："我相信接下来一个全新的互联网时代即将到来，让我们共同期待一个美丽的新世界。"

2.10 英伟达：“工程师的元宇宙”

2021年11月2日，英伟达^①的市值首次超过伯克希尔哈撒韦公司^②，位居全美第七。

很多人不禁好奇，这家公司到底什么来头？若不是元宇宙的概念横空出世，人们似乎都忽略了这家“最像元宇宙的公司”。

从股价表现来看，在其他股票相继下跌的情况下，英伟达的股价依然能够持续暴涨40%，激增的市值甚至赶超了英特尔公司，成为众多半导体企业中的黑马；从市盈率来看，这家做GPU起家的公司的市盈率已远超过很多巨头企业，比如台积电、伯克希尔哈撒韦公司等。

英伟达股价和市盈率暴涨的背后，其实是它在虚拟现实领域的技术创新与突破。从GPU到AI软件、影像识别，从游戏建模到医疗诊断、科技农业，英伟达一直在拓宽元宇宙的路上快速前行。作为数字时代的先行者，英伟达已经占领了下个时代互联网发展的先机。

◎ 英伟达的元宇宙野心——NVIDIA OMNIVERSE

英伟达，英文NVIDIA ，而英文Omniverse本意是“无极限思维”，足见英伟达开发Omniverse这一新平台以及布局元宇宙的决心。

在2021年英伟达的春季开发者大会上，为展示自己构建元宇宙的实

---

① 英伟达是一家人工智能计算公司，创立于1993年，总部位于美国加利福尼亚州圣克拉拉市。美籍华人Jensen Huang（黄仁勋）是创始人兼CEO。

② 伯克希尔哈撒韦公司由沃伦·巴菲特(Warren Buffett)创建于1956年，是一家主营保险业务，在其他许多领域有商业活动的公司。

力，创始人黄仁勋的仿真虚拟人突然在发布会的途中出现在了大众的视野，开始时无人察觉，而后当有人发现时，逼真的"虚拟老黄"令所有在场者惊讶不已。这也是英伟达显露与元宇宙概念关联的一次重要事件。

在这段有关元宇宙"虚拟人"的视频火遍全网时，英伟达的基础设施平台Omniverse也随之备受关注，它的功能是可以创建虚拟世界，而"虚拟人"就是它的一个代表作。

2021年11月9日，英伟达在2021年GPU技术会议（GTC 2021）上宣布了"三芯"战略，即今后企业产品升级将利用"GPU、CPU、DPU"的结合，为AI技术提供更好的运算力和安全性。之后，英伟达成功研发的用于交互式AI化身的技术平台Omniverse Avatar也正式亮相。该平台汇集了多项数字化技术，例如语音AI、自然语言理解、计算机视觉、推荐引擎和模拟技术等，可称得上是"工程师的元宇宙"。该平台所创建的AI化身的虚拟人具有与人们交流互动的功能，可以通过交谈的方式理解对方的想法和说话意图。

语言表述不如直观体验，为了让现场参与者更确切地感受AI化身的虚拟人的思维灵活、逼真、可爱等特点，创始人黄仁勋在现场做了三个演示。

图2-45　2021年英伟达春季开发者大会上的第一个演示（视频截图）

在第一个演示中，黄仁勋亲自做了测试，他与动画玩具版的黄仁勋进行了对话，可爱的虚拟人准确地回答了他提出的所有问题，包括最近天气变化、蛋白质生产等，如图2-46所示。

图2-46　2021年英伟达春季开发者大会上的第二个演示（视频截图）

第二个演示中亮相的虚拟人是个可爱的"蛋壳人"，它在快餐店的终端完成了一对夫妻的订餐服务。在与顾客交谈的过程中，它能够利用面部跟踪技术实时回应顾客的诉求，并准确理解顾客的订餐需求，如图2-47 所示。黄仁勋认为，这将对未来的智能零售、客户服务等有很大的帮助。

图2-47　2021年英伟达春季开发者大会上的第三个演示（视频截图）

第三个演示则是在前两个技术的基础上进行了升级，主要应用于各种会议中。举个例子，某人在视频会议时未穿工装，就可以用逼真的动画化身作为替身，呈现身着正装的得体形象；如果她身处的环境过于嘈杂，她在讲话时传递的声音也可以是没有背景噪声的清晰声音；还可以将她的话实时转录并翻译成各国语言，并使用与她相同的声音和语调，如图2-48所示。

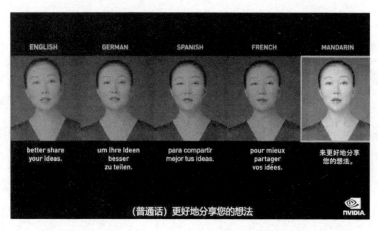

图2-48　2021年英伟达春季开发者大会上的虚拟人使用场景（视频截图）

关于演示的虚拟人使用场景，很多人也提出了质疑：这项技术在现实世界落地时是否比自己手动选择的效果更好，是否让人更青睐于它。

黄仁勋就相关质疑给出了答复，虚拟人响应需要一定的时间，必然没有人们自己手动更快，当客户特别着急时，可能会有不佳的体验效果。同时，会议软件的应用尽管看起来很有趣，但它对现实世界的影响还尚未可知。

当然，个人场景的应用仅是一方面，黄仁勋还谈到了将其应用到更大的场景中，例如为工厂、城市、办公楼等创建数字孪生，为自动驾驶汽车及训练机器人创建更真实的模拟场景。

此外，黄仁勋还说："你会看到一个永恒的主题——Omniverse 如何被用来模拟仓库、工厂、物理和生物系统、5G 边缘、机器人、自动驾驶汽车甚至化身的数字孪生。"最后，英伟达宣布了关于发展元宇宙领域的下一步规划，未来它将构建一个用于模拟和预测气候变化的 E-2 或地球二号的数字孪生模型。

我们通过以上案例不难发现，英伟达之所以能获得市场的认可，主要是因为它更注重打造交互功能较强的虚拟人和用数字孪生技术构建虚拟大环境。这也与Meta提出的元宇宙概念有所区别。

英伟达在短短几年内就一鸣惊人，市场也给出了它高市值的理由：一是英伟达不局限于芯片业务，由数字孪生和人工智能搭载元宇宙的风潮，让投资人拥有更广阔的遐想空间；二是英伟达作为CPU的研发商，推出了三款基于Arm的新处理器，特别是Grace主要面向大型数据密集型 HPC 和 AI 应用，将对AI、高性能计算的提升有很大的帮助。

美国商业杂志《福布斯》预测，英伟达的市值将在5年内超过苹果公司。如此看来，《福布斯》的断言或有可能成真。在芯片和元宇宙两大元素的助力下，英伟达前进的脚步已经越来越快了。

回过头看，英伟达今天的辉煌也许就是因为创始人有了这种前瞻性的危机意识。难怪黄仁勋经常把一句话挂在嘴边："我们离倒闭永远只有30天。"

如今，英伟达不仅在数据中心、智能汽车、专业可视化等领域崭露头角，还在自己擅长的AI软件与硬件一体化系统方面搭上了元宇宙的顺风车，成为投资者疯狂抢夺的"香饽饽"。

就像英特尔联合创始人安迪·格鲁夫（Andy Grove）说的那样，"在迅猛发展的互联网时代，只有偏执狂才能生存。"

PART 2

元宇宙变现的商业逻辑

第 3 章

NFT：

元宇宙变现的关键角色

如果说元宇宙时代的到来为世界打开了一扇新的大门，那么 NFT 则给虚拟变现指明了方向。在这个"盗梦空间"，你可以是任何角色和身份，可以在这个梦境中赚钱去另一个梦中花，也可以把钱带到现实中来花。你甚至可以像扎克伯格开会那样，在家中带上 VR 眼镜，就会和同事共同走进一间会议室。他们的声音从旁边传来，就像真的在你身边一样，同时你也会看到他们的虚拟面容，仿佛置身于一个全新的虚拟世界。

无论是巨头企业还是独立个体，从决定迈进元宇宙的大门那一刻起，都会思考元宇宙到底能不能赚钱？哪些公司最有可能赚到钱？元宇宙变现最关键的环节是什么？怎样才能更好地分得一杯羹？

从商业变现的角度来说，NFT 的流行与应用场景的融合落地，为元宇宙变现提供了更多的可能性。换句话说，要想在元宇宙的发展中赚得盆满钵满，不仅需要对商业、人性、资本有充分的理解，更需要 NFT 的加持。

3.1　NFT：构建元宇宙世界的经济基础

请大胆想象一下，一幅电子图片，最多能卖多少钱？

2021年3月初，一幅名为《每一天：最初的5000天》（英文名为 everyday: the first 5000 days）的图片制作成NFT后，从100美元起拍，最终以6934万美元的价格成交，一下子震惊了整个艺术圈。从此，这幅图片成为"世界上第一件在传统拍卖行出售的纯数字作品"，同时也是"成交价最高的NFT作品"，如图3-1所示。

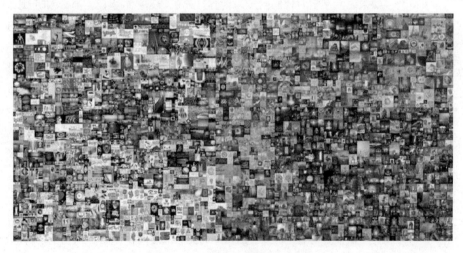

图3-1　《每一天：最初的5000天》

人们纷纷议论，这幅价值6934万美元的加密艺术品有何来头？其实，它只是由数字艺术家Beeple从过去13年中搜集每天的画作最终拼贴而成的。

再回到2017年，以太坊推出了一个像素头像项目"CryptoPunks"，按照规则，每个以太币的拥有者都可以免费领取一个头像，每人限领一个，上限是一万个人，用户领完头像后便可以放到二级市场进行交易，如图3-2所示。

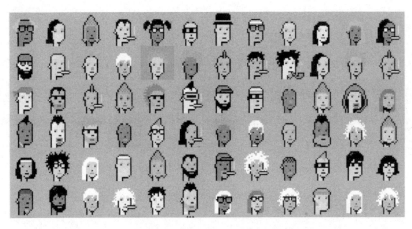

图3-2　《CryptoPunks》头像

根据NonFungible的数据显示，这些并不符合主流审美的头像单枚最低售价已经达到了11万美元，其中售价最高的是457万美元。参与这个NFT的玩家不费吹灰之力便赚得盆满钵满。

再如推特创始人杰克·多西（Jack Dorsey）把自己的第一条推特作为NFT拍卖，最后以290万美元成交；"币圈教主"埃隆·马斯克（Elon Musk）和女朋友在短短20分钟内以600万美元的价格拍卖出了NFT形式的歌曲；最夸张的是斯蒂芬·库里（Stephen Curry）最新的ins头像，是一只看似不起眼的由马赛克块拼成的猴子，但这花费了他20万美元，如图3-3所示。

正是由于很多名人的背书，前几年不温不火的NFT瞬间被更多人了解。

图3-3　库里的NFT头像

其实，以上种种的背后都离不开一个关键词——NFT。要想解开NFT作品的价值之谜，我们不妨追根溯源，从NFT的概念开始去抽丝剥茧、探寻答案。

◎ NFT的概念及特点

在区块链上，数字加密货币可分为原生币和代币。原生币拥有自己的主链，使用链上交易来维护账本数据，例如以太币、比特币等。代币使用智能合约进行账本记录，依附于区块链，可分为同质化与非同质化两类。

同质化代币即FT（Fungible Token），互相可替代、可接近无限拆分的Token。例如，我手里有10元人民币，你手里也有10元人民币，从本质上讲没有任何区别，这就是同质化代币。

NFT是Non Fungible Token的缩写，是指非同质化通证（非同质化代币）。从技术角度看，NFT是在区块链的基础上发行的数字资产，是唯一的加密货币令牌。其数量、转让、权属都被清晰地记录在案，不可篡改又能永久保存。因此，它让数据内容主导的虚拟物品更有价值，再依托虚拟物品资产化实现价值流转。

　　尽管NFT的概念是被开篇那幅拍出了6934万美元的加密艺术品带火的，但NFT并非什么新事物。工程师哈尔·芬尼（Hal Finney）早在1993年就提出了"加密交易卡"的概念，即把抽象的字符构成独特的艺术，吸引了大量的密码学爱好者，并衍生了许多新玩法。如今看来，这些想法都已成为现实，只不过用时太久而已。2009年，他才真正拿到第一笔比特币转账。2017年，NFT才因为"加密猫"问世掀起一股热潮。后来又沉寂了几年，直到2021年，NFT才渐渐浮出水面，被大多数人认知。

　　现在，假设你的电脑桌面上的每个文件都是NFT，任何一个文件上传至区块链都会自动收款。也就是说，你放一张自动收款图片，在文章结尾处拖拽几张图片完成授权，发布时支付费用，在区块链上就会自动验证。在图片NFT中留有授权协议，可以利润分成也可以一次性支付版权费用。由此看来，未来在元宇宙世界中，每个文件都可以是一个NFT，它们可以自动获取价值，而不需要第三方转售劳动产品或服务。就像百度文库一样，你写完一篇文章，直接发送到区块链，接下来就是等它被别人下载使用，你直接获得收入。

　　总之，NFT在元宇宙变现中扮演着极其关键的角色。我们可以简单总结为NFT是区块链的一个条目，而区块链是类似于比特币等加密货币的去中心化数字账本技术。在元宇宙中，NFT就像DNA，每个人的DNA在这个世界上都是独一无二的。但如果是在网络上，一张照片会被复制无数次，究竟哪个才是第一份呢？

　　但是，由于NFT是非同质化代币，是不可拆分的Token，是唯一的。例如，人民币上的编号，世界上不会有编号一样的人民币，也就是说没有两个完全一样的NFT。这种无法拆分的特性可以让它和现实中的某些商品绑定在一起。此外，NFT由于具有收藏属性，可为交易提供便利。加之加密艺术家可以利用NFT创造出独一无二的艺术品，虽然梵·高的《星月夜》

会被无数次复制，但真品就像NFT一样，无法复刻。由此来看，任何独特的东西都可以被称为NFT，例如游戏内容、音乐、收藏品等。尤为重要的是，NFT同时解决了虚拟世界中的确权问题，确保了版权的独立性，让产品更有收藏价值或商业价值。

举例来说，如果把一个视频生成NFT，你可以卖掉视频，即便有很多人复制转发这条视频，但真正的版权只属于买家。也许有的人会问，既然可以无限制地复制粘贴，购买NFT还有什么意义呢？这就像某些名家的字画，如果仅看表面，它只不过是一张布、一张纸和一些颜料的碰撞。但实质上，它的意义是创意、情感、灵感等的交融，最终引起人们的共识。我们通过这些案例，可以更好地了解NFT的意义与应用场景，以便更好地参与并抓住这个机会。

3.2 NFT 的商业逻辑：花 20 万美元，只为买一个身份认证？

有人说，NFT就像海市蜃楼，大多数人还没有适应这种超快速的变化节奏，NFT市场已经如火如荼。的确，当局人痴迷NFT，局外人却难以理解：难道花20万美元，我们只是为了一个身份认证？大家到底在着迷什么呢？这其中的商业逻辑是什么？

2021年4月，国家广电总局发布了《基于区块链的内容审核标准（2021版）》，标志着区块链内容被纳入行业监管。另据CCTV2《天下财经》栏目报道，NFT提供的是数字资产的一种证明手段，并不是数字资产本身，如图3-4所示。

如果遵循这个逻辑，我们或许更容易破译上一节留下的疑问。

图3-4　央视解读NFT

◎ NFT究竟有何商业价值？

我们通过上一节内容了解到，NFT是数字化原生资产的开端，这些资产不需要现实社会中的某个公司管理，同样不需要用现实世界中的钱币购买。可以说，它在虚拟世界里诞生、流通，在虚拟世界中不断变化发展，不断填充元宇宙的相关内容。尤其是NFT这种形式能够激励参与者创作出一些被人们渴望的新事物，这样NFT作为数字资产的支撑工具与证明手段，促使数字资产释放了最大价值。

现在，再来思考一下那些天价NFT交易背后，需要重点关注的几个问题：

第一，NFT价格高昂，其价值体现在哪里？

其实，无论怎么解读NFT，总有一些人不理解为什么一张图片能卖数千万美元。

例如，毕加索的画售价高，不是因为画这种艺术形式价格高，而是因为毕加索的画价值大所以才价格高；茅台酒贵不是因为白酒贵，而是由其独特的价值决定的。NFT也是一种承载商品价值的手段，商品的价值在于商品本身，而不是它的表现形式。

再如，在奢侈品世界中，10万元只算入门级消费标准。包、名表的价格高达成百上千万元的不胜枚举，它们究竟有什么价值呢？

有人喜欢爱马仕，是为了享受它带来的体面。如果只考虑装物品，售价几元钱的帆布袋对买菜者来说更物超所值。要想看时间，有人喜欢用价值百万元的劳力士，有人认为用手机自带的时钟就可以了。我们理解某些人对奢侈品的追求，也赞赏普通大众追求物美价廉的心态，但那些豪掷千金的人究竟是为什么呢？

例如，虽然有人花重金买下了推特创始人的首条微博，但其他人仍拥有点赞、转发和评论的权利。库里的小猴子头像十分可爱，但也可以被网友复制粘贴或使用。这就会出现一个问题，买这些NFT作品的人，似乎只能在特定的环境下才能证明自己是这幅作品的真正拥有者。对他们来说，NFT更多的是代表一种身份，拥有NFT这种非大众化的作品，或许会让他们感觉自己也是世界上独一无二的。

这种"趣味性"概括起来有以下几点：

（1）财力。例如，库里的头像，这种知名款NFT也是财力的最好证明，毕竟普通人难以支付这么多钱去买一个头像。

（2）身份。NFT自带标签属性，它追求思想开放，杜绝循规蹈矩，是"相信科技决定未来"的代表。不同系列的NFT和奢侈品一样，不同的内

图3-5　衍生自狗狗币的NFT：The Doge Pound

涵代表不同的群体，例如NBA发行的球星卡NFT和衍生自狗狗币的NFT：The Doge Pound，如图3-5所示，其购买群体可能完全不同。

当然，你也许认为买NFT的人愚不可及，其实他们也极有可能这么看你。在这个多元化的社会，有的人无法接受和理解NFT，却极爱奢侈品。有的人会拒绝一切奢侈品，但能够接受NFT。还有的人既认可NFT，又喜欢奢侈品牌。正所谓萝卜白菜，各有所爱。

（3）投资。这一点很容易理解，毕竟大多数人在盼望NFT能够持续升值。

我们可以将马克思对价值的定义总结为一句话，即使用价值是商品能够满足人们某种需要的属性。

说到底，NFT的价值基础源于人们的共识，这种共识源于人的声望、背后群体以及受众链条等多维度。简单地说，如果你创作一幅画作，无论是以NFT的形式出售，还是放在网购平台上，也许都无人问津。但如果是毕加索的画，也许只是简单勾勒几笔，就会价值不菲。NFT并没有改变价值的来源，只不过因为其具有安全性、透明性和流动性，能够让作品释放它的最大价值，如图3-6所示。

图3-6　千奇百怪的NFT作品

第二，NFT 无限供应，为什么还具有稀缺性？

由于人们的偏好，商品才会产生稀缺性。例如，黄金是稀缺金属，有的金属储量比黄金少、用途比黄金多，但其价格并不高，那是因为人们更偏爱黄金。LV是稀缺箱包，有的品牌的箱包质量也不错其公司却濒临倒闭，只是人们更偏爱LV。这和NFT逻辑相通，NFT是一类商品的统称，是一种新的展现形式，包罗万千。

以全球最大的NFT交易平台OpenSea为例，每次交易产生，买家都需要向平台支付交易额的2.5%。网站上有1740万个NFT商品在售，同市场演化结果一样，只有少量NFT会被高价购买，大量NFT也许根本无人理睬。所以，我们知晓的或者在新闻中看见的仅是NFT中的一小部分，这些东西成为稀缺品也就不足为奇了。

第三，某个创作者的 NFT 价格很高，他是否可以无限产出？

答案当然是否定的。受最基本的市场规律制约，供求关系决定价格，如果因为价高而无限产出，势必会导致价格急剧下降。众所周知，股票超发会导致股票价格下滑，货币超发会导致货币贬值。商品也是如此，扩大生产也会导致价格下降。也许某个创作者的NFT卖到了千万元，但这不代表他再创作的NFT也能卖到这个价格。

事实上，任何一个有名气的创作者都要小心运营自己的品牌，维护人们心中的共识。一旦急于求成，就会打破出产节奏，带偏NFT的价值走向。

第四，NFT 最火的场景为什么是头像？

在我们的认知中，无论是以前的QQ头像还是现在的微信头像，都是免费的。怎么还需要花钱买头像呢？为什么那么多人争先恐后地一掷千金去买头像？

那些价值千万的头像到底代表了什么？在数字化世界，头像就是他人对你的第一印象，是你的"第一标签"。虽然多数人不愿意为头像支付高昂的费用，但这并不影响少数人用头像标榜自己的身份。在时尚圈、科技圈和体育圈，NFT头像迅速发展，越来越受人欢迎，这说明有同样观念的群体开始聚拢扩大，NFT火爆可能只是时间问题。

第五，NFT 如何保证所有者权益？

在NFT的世界里，它的使用权与所有权是分离的，即别人拥有它也不妨碍你使用它。例如，库里花重金购买的头像，我们动动手指就可以把自己的头像改成库里同款，也能享受这样的头像带给我们的体验。但高兴之余你是否想过，花这么多钱买一个人人可用的头像，库里是真傻吗？实际上，用的人越多，这个头像的价值就越高。一两年之后，这个大家熟知的头像会卖更多钱，真正的受益人依然是库里。

NFT是独一无二的，这里的独一无二是指所有权，而不是这张图片。例如名作《蒙娜丽莎》，一直被艺术家追捧，即便是复制千万份《蒙娜丽莎》，最有价值的还是达·芬奇画的那幅。如此说来，NFT的功能类似于吸引全世界的人帮助达·芬奇宣传这幅画。

第六，NFT 能否和实物相结合？

关于这个问题暂时还没有统一的说法，可谓仁者见仁，智者见智。

也有一类实物资产，它们进行数字化升级后成为NFT。通常，如果你拥有了这个NFT，就相当于拥有了该资产的部分或全部所有权。但是，你拥有的并不是实物。这类NFT仍依赖实物获取价值，但实物具有不确定性，可能被损毁、复制甚至是替换，你拿着NFT也无法确定实物是否还存在。

也许未来的某一天，人们会像离不开加密货币一样离不开NFT。但是，虚拟世界与真实世界存在着天然的沟壑，目前还无法让两者做到"无缝连接"。目前，NFT玩法层出不穷，还未到全面爆发的时刻。对我们普通人来说，购买NFT能够见证并参与创造元宇宙的未来，这的确是一件让人欣喜的事情。从某种程度来说，这种新尝试与体验也是一种投资手段，但危与机总是并存，我们在用一颗狂热的心期盼美好未来的同时，更要保持理性，躬身入局。

3.3 普通人如何进入 NFT 的浪潮中?

NFT究竟价值几何，每个人都有自己的看法。实际上，NFT只要在部分人群中产生共识，它就具有价值。目前，包括歌星、艺术家、球星在内的群体，已经对NFT产生了初步共识。现在，普通人参与NFT基本可分为两种玩法：投资或收藏。

我们不妨先借鉴外国人的经验，看看他们是如何利用NFT变现的。

◎ **了解是参与的基础，借鉴国外NFT市场经验**

美国的The Sandbox是围绕NFT建立的去中心化的虚拟游戏世界，允许玩家在生态系统中购买资产和土地。SAND币是The Sandbox的原生代币，用户可以通过多种方式自创资产，也可以导入自己的图像，对其加工处理后生成自己的NFT。这一方面保证了游戏的安全性，另一方面也保护了资产的真正所有权。玩家通过刷卡、用ETH，甚至通过玩上传到The Sandbox上去购买或者赚取SAND币，当然这种代币波动也比较大。因为目前NFT市场泡沫太大，虽然机会多，但是陷阱也不少，辨别是非与真假很关键。

在国外，还有一种参与NFT的机会是直接购买NFT。参与NFT要比NFT

代币复杂得多，高段位玩家可以选择这种方式。目前，NFT的交易市场多建立在以太坊平台，当然也有建立在一些新兴公链上的，但操作步骤基本一致。

下面以最大的NFT交易市场OpenSea为例，与大分享如何参与NFT交易。

第一步，安装 MetaMask 钱包。

下载MetaMask，根据提示创建账户。然后前往MetaMask中充值足够的ETH，便于用户在OpenSea参与NFT时支付ETH作为手续费。当下，OpenSea支持ETH、BAT、DAI、WETH、LINK等多种代币，用户可根据自己的需求充值。

第二步，绑定 OpenSea。

MetaMask链接好之后，单击右上角齿轮图标"Account Setting"进入设置页面，设置用户名称绑定邮箱，单击"Save"后在邮箱中确认邮件即可。

第三步，选择 NFT。

单击OpenSea官网上方的MARKET就可以选择NFT。在MARKET页面中，可随意浏览你想要的NFT，并且在MARKET里，OpenSea将NFT做了分栏归类，便于大家查找。

第四步，成交。

选择喜欢的NFT后单击【BUY NOW】，直接去钱包确认交易即完成整体操作。

之后，你就可以自己创作NFT。要想创作NFT就要提前准备好代币化的媒体文件，例如音乐文件（MP3等）、3D文件（GLB等）、视觉文件（JPG、PNG、GIF等）等。有了作品就开始寻找平台，像OpenSea、Rarible这种交易平台，也有铸造功能，可以满足作品生成。单击Create，连接钱包并根据提示将媒体文件上传，设置作品描述、版税比例、NFT数量等即可完成NFT创作。出售NFT时，找到作品单击【Sell】，在钱包中确认交易即可。

当下以太坊网络的手续费相对较贵，创作一个NFT，价格平均在40～100美元，所以在创作NFT过程中还需综合评估，分析成本压力。目前，国外能发布NFT的平台很多，例如Bitcoin Cash、Binance 智能链、EOS、Tron、Flow、WAX、Tezos、Cosmos、Cardano、Polkadot等。

◎ 放眼未来，聚焦NFT的场景应用

上述是国外的NFT市场，我们再把目光聚焦国内。根据我国的国情，国内对于NFT市场的支持政策较少。但随着头部企业的谋篇布局，也证明了NFT存在的合理性。如果多年后人类去到元宇宙中，我们不能否认NFT的广阔市场。例如你的每条抖音、微博都可以NFT化出售。因此，在他人还懵懂未知的时刻，我们可以提前学习、了解NFT的相关知识、关注发展趋势。等NFT市场真正成熟那一天，你就会第一时间享受NFT变现的红利。

在种种内外条件的限制下，作为普通人，若想加入未来NFT的浪潮中，我们首先要清楚NFT未来可能应用于哪些场景。

基于前文的介绍，未来NFT的应用范围和场景有很多。例如，2018年年初引爆链圈、挤瘫以太坊的加密猫（CryptoKitties）。他们给每只猫进行了特殊的标记编号，让猫成为独一无二的，所以稀有的虚拟猫竟然售出每只10万美元的天价，这属于游戏领域的NFT。让球迷疯狂的虚拟球星卡平台NBA Top Shot出售球星卡通行证等，半年时间交易额高达5亿美元，这属于体育领域的NFT。除了这两种应用场景，未来NFT还可能应用于以下领

域，见表3-1。

表3-1　未来NFT可能应用的领域

应用场景	内容
游戏	游戏中的武器、道具、服装、宠物等物品都可以用NFT技术表现，提升游戏价值
知识产权	NFT起到的是专利保护作用，帮助独一无二的东西进行版权登记、识别专利。NFT可以是一张照片、一首歌、一本书、一部影片或其他知识产权
实体资产	房屋等不动产或其他实物资产，可以应用NFT代币化功能用作资产流通
记录和身份证明	NFT可以用来验证身份，如学历证书、身份证、驾照等都可以用数字形式保存，避免被篡改和盗用
金融文件	保险、账单、订单、发票等可以转变为NFT进行交易
票务	用NFT标记电影票、动物园和植物园的门票等，票是一样的但座位号不同

当然，NFT的应用场景还有很多，不再一一列举。

目前看来，购买NFT的人大多是互联网行业内人士，普通人因为好奇而去购买NFT的寥寥无几。在艺术领域，NFT的设计逻辑独特，排名靠前的NFT基本是由自由算法生成的，我们很难界定这种方式的优劣，毕竟艺术品的评价标准也在实时变化。因此，各位消费者务必根据自己的喜好和经济实力理性投资和消费。

在本章开篇介绍的那幅天价作品，你以为他的买家是位收藏家吗？事实上他是一名深谙市场运作技巧的资深币圈玩家。在竞拍前几个月，他花费巨资购买了Beeple的多幅作品，打着"让艺术品收藏更民主"的口号发布了"520"代币，着重突出艺术品收藏价值。在中标后，代币的价格从0.36美元飙升到28美元。这位幕后玩家利用这种关联式的交易，取得了不俗的成绩。

在一些成功故事的刺激下，被吸引走进这场游戏的人越来越多。然而，有人赚钱就有人亏钱——这是市场博弈中的永恒定律。毕竟我们无法预知谁才是未来市场交易中的"天才"，而这个过程又充满着新鲜与刺激，这对所谓的资深"玩家"而言，一定是无法抵挡的"致命诱惑"。

3.4　谨防 NFT 泡沫，善用数字藏品的正向价值

当大部分普通人还在持怀疑态度的时候，国内几家互联网头部企业早已开始布局NFT。

而NFT的内容形式也不再局限于区块链一种形式，艺术品、收藏品、游戏、保险等领域均有它的影子。说到底，头部企业的最重要原因是"占坑思维"，当未来有一天元宇宙的世界真正来临时，背靠雄厚资本的他们谁都不想看见"人有我无"。于是在市场成型之前，他们必须握紧市场话语权。

不管什么样的形式，NFT只有流动起来才会产生价值。这就是为什么有人说，即便你画得比梵高入木三分，但把作品制作成NFT后没人购买也无用。而那些我们看起来甚至有些滑稽的头像，因为名人名家的购买，所以价值一路飙升。所以，NFT的流动首先需要一个平台。在国外，就是我们前面提到的Opensea这些平台。而放眼国内，目前还没有一个有代表性的平台。于是，很多人纷纷开始质疑：NFT究竟是真风口，还是狂欢的假象？

◎ 头部企业的元宇宙商业模式画像

2021年5月，随着NFT官网进军中国，国内的巨头们也躁动起来。

2021年6月，支付宝推出小程序——"蚂蚁链粉丝粒"，同时发售了四款支付宝付款码皮肤NFT；后来，经过一系列迭代"蚂蚁链粉丝粒"更名为"鲸探"App，并沿用至今。

2021年6月26日，网易文创旗下三三工作室发行了NFT产品——小羊驼三三纪念金币，全球限量333枚，售价133元。

2021年8月2日，腾讯发布"幻核"——国内首个NFT交易App，并推出了"限量版十三邀黑胶唱片NFT"产品，每件产品18元，限量300件，结果不到1秒内即被抢光。由于数量限制，大量用户在付款后都没有抢到。

2021年8月15日，腾讯音乐发行了首个"TME数字藏品"——2001张胡彦斌《和尚》20周年纪念黑胶NFT，该产品在QQ音乐发行后同样被瞬间抢空，约有8万用户参与了预约抽签。

2021年11月12日，小红书旗下推出了基于至信链的R-数字藏品，说明小红书也已开始在NFT板块布局。小红书发行的R-数字藏品可用于展示、分享和下载等非商业目的，未来还将依托小红书社区多元化的内容，为用户提供更多数字藏品。

直到2022年8月16日，国内首批数字藏品平台腾讯幻核倒下了。无独有偶，NTF在国外的市场价格也大跳水，市场交易表现并不乐观。

这不得不让我们在狂欢过后冷静下来，重新审视国内的NFT市场。和传统拍卖市场不同的是，NFT市场几乎没有门槛，具有极强的包容性与开放性，人人皆可参与，而我国的NFT市场尚未成熟，这就导致其中一些投机者钻法律的空子，利用NFT牟利。

每个人都有一个一夜暴富的美梦，但不是谁都能如愿。头部企业腾讯幻核的下线更是给了后来者敲响警钟：NFT市场存在极大的泡沫风险。

◎ 每个人都有一个一夜暴富的美梦，但不是谁都能实现

目前，由于构建元宇宙的底层技术及NFT交易市场尚未成熟，客观上仍有大量盗版和侵权活动存在。但到了元宇宙中，在区块链网络中，大可不必担心盗版的存在。也就是说，你虽然可以复制他人的文件，但永远无法复制NFT。文件没有社交关系，是单机时代下的产物，而NFT拥有社交关系，它是网络时代的产物，在分布式的互联网上，区块链会清楚地记载它是由谁创造并属于谁的。

虽然眼下还没有一套完整的机制和法律文件来约束NFT市场交易，但我们不妨从现有的法律框架出发，深入解读有关NFT的法律问题，以便提醒大家如何合法合规地玩转NFT。为此，国家出台了一系列政策不断完善我国的NFT交易市场。

2022年5月，国务院办公厅印发《关于推进实施国家文化数字化战略的意见》；

2022年6月，在中国文化产业协会牵头下，近30家机构联合发起《数字藏品行业自律发展倡议》，反对炒作、二次交易，提高准入标准逐渐成为行业共识。此外，根据我国目前已有的相关法律政策，对NFT市场的要求还涉及以下几个方面，这些无不提醒后来者无论何时都应合法合规，才可能站上时代的风口。

第一，NFT与财产权利。

我们最初的数字资产是点券、游戏账号或是以QQ、邮箱为代表的各类平台账号。如今，随着数字经济发展，数字资产的范围越来越广，在

区块链和比特币问世后，数字资产创造的经济价值越来越多，影响力也越来越大。

要想判断某一客体的财产属性，可以从其可支配性、稀缺性和价值性来分析。数字资产的持有者在法律上具有可支配性和排他性，经济价值独立。由此可见，保护数字资产可参考保护物权的法律法规。《中华人民共和国民法典》（简称《民法典》）中的具体条款也证实了这个观点。《民法典》第一百二十七条规定："法律对数据、网络虚拟财产的保护有规定的，依照其规定。"这代表着数据、网络虚拟财产被纳入民事财产权利的保护客体范围，NFT作为一种数字资产，也在被保护的客体范围内。

第二，权利保护。

因为区块链不易篡改、分布记账等特点，NFT则正好提供了一种可靠的数字资产确权方式。NFT无法随意复制，具有唯一性，比其他事物载体更容易确保真实性。因此，在NFT交易过程中，会有效保护、确认相关权属问题。

还有一点值得深思，如果有人把非NFT作品制作成NFT，如何保护第一权利人的权利呢？例如，《中华人民共和国著作权法》就对原作者改编权、涉及的放映权、广播权、复制权、传播权等做出了详细规定。还有，用他人作品制作NFT是否应征得原作者的同意呢？怎么样才能保证不侵犯原作者的著作权呢？这些问题仍有待商榷。

第三，智能合约的法律效力。

NFT离不开智能合约。简单来说，智能合约是一种数据电文或者电子记录，是部署于区块链上的计算机代码。从各个国家的立法情况分析，大家通常秉持技术中立原则，认为智能合约不应该成为影响合同效力的因素。

2019年，美国统一法律委员会（Uniform Law Commission，以下简称

"ULC")发布了《关于区块链与智能合约在统一电子交易法与电子签名法的指引》，其中把智能合约定义为："当预设条件满足时，区块链内状态发生改变的计算机代码。"综上所述，合同有效与否仍在于该合同使用的法律，不在于是否应用了智能合约。也就是说，应用了智能合约的合同只要内容符合所适用的法律，满足了生效要件，从法律角度看就是有效合同。

第四，交易安全。

得益于智能合约和区块链的应用，让NFT在交易中更安全，时效性也更高。未来，房屋交易或许不用再担心购房者延迟支付或无力支付，因为参与交易的数字钱包可以即时接收NFT，买卖双方实现即时变现，并且在交易过程中，区块链会同步记录权属流转，无法篡改记录。

NFT市场方兴未艾，未来还会有更多新生事物和情况出现。但可以肯定的是，NFT在数字资产的权利保护、安全交易、实时效率和多样化方面，发挥了积极的作用，能够为数字资产交易提供行之有效、安全可靠的解决方案。

很显然，随着人类未来社会走向数字化，甚至我们的生活方式和资产都正在数字化，而头部互联网企业进军NFT就是要抢占NFT市场交易平台的先机。无论他们当前的战略布局是否清晰可见，可以肯定的是，头部企业皆是从自己擅长的领域向人文属性迁徙。

真正的颠覆，在开始之初，总是不被多数人理解的，甚至被世人本能地排斥。而普通人由于资本有限，很难与敢为人先的巨头一较高下。未来，个人财富的取得亦如此，唯有不断探寻新的赛道，和整个领域共同成长而不是拼个你死我活，才是最明智的上策。

而在元宇宙中，企业更应该思考的是，如何让更多的普通内容创作者参与其中。任何科技创新或技术迭代的归途都是更好地为人所用，为人类更美好、便利的生活而服务。NFT的存在若不能支撑起未来元宇宙中的商业交易活动，而元宇宙也无法为更多人提供公平参与创造的机会，那么只有一小部分人撑起的元宇宙也将黯然失色。

　　如今，当潮水退去，无数玩家在狂欢后黯然离场，而中国的数字藏品市场也已经逐渐回归冷静。很多人说，数字藏品在中国应该走出一条具有中国特色的 NFT之路。其实，我们更应该客观公正，理性地看待萌芽的新事物，既不能过分鼓吹制造泡沫，也不能一棒子打死过度抨击，正如《人民日报》的评论那样："数字化时代，善用数字藏品的正向价值，让其远离炒作，就能激发更多新动能，为人民美好生活需要提供更多选择。"的确，任何事物的发展都不是一蹴而就的，而时间会证明它最终存在的价值和意义。

PART 3

元宇宙变现的路径

第 4 章

虚拟偶像变现：

超写实数字化偶像的春天

或许你从来没想过有一种"偶像"可以永久地不休不息，或许你从来没想过有一种"偶像"永远不会人设崩塌，它就是元宇宙中的"虚拟偶像"。当虚拟数字人以人类真实身份的化身生存于虚拟世界时，元宇宙的构建就又前进了一大步。虚拟偶像是虚拟数字人的典型代表，相比真人偶像，它具备可塑性强、无工作时限、无人才流失风险、无道德风险等特殊的优势。

2021 年 12 月 15 日，我国知名科技资讯媒体服务商量子位发布了《虚拟数字人深度产业报告》。数据显示，我国虚拟人整体市场规模到 2030 年将突破 2700 亿元，而其内容方的运营成本还未超过营销成本的一半。虚拟人的飞速发展或将成为未来元宇宙产业链中创收效益最快、规模最大的产业，带领人类迈进真正的元宇宙时代。

4.1 "虚拟偶像"，推开元宇宙之门的"引路人"

代言人只能是演员或是歌手等公众人物吗？当然不是。

我们进入全新的互联网时代，虚拟偶像逐渐进入了人们的视野，成为广告市场炙手可热的代言人形象，其感染力和影响力丝毫不逊色于真人。

虚拟偶像可以是卡通、漫画人物，也可以是形象与真人几乎完全相同的人物。那么它是如何制作的呢？

其实，虚拟偶像的制作形式一般来说有几种，包括绘画、CG、动画等。虚拟人在参与商演、线下展会或者代言人发布会等活动时，通常需要按照具体要求进行制作。它的负面信息为零、商业衍生能力强、生命周期长等特点吸引无数企业投入研发与应用，从而成功"出圈"进入主流产业。

随着元宇宙的概念风靡全球，作为虚拟数字人代表的虚拟偶像，逐渐成为推开元宇宙大门的"引路人"。

提到虚拟偶像，我们不得不提到由美国加州洛杉矶的一家致力于研究人工智能和机器人的公司打造的全球最早一代的虚拟偶像——Lil Miquela，略带可爱雀斑的她得到了成千上万粉丝的追捧和喜爱，成为元宇宙领域的虚拟网红。

Lil Miquela现在19岁，是西班牙、巴西和美国的混血儿。她形似真人，不但经常在社交媒体上分享自己丰富的社交生活，还发布了自己的单曲MV，甚至拥有帅气的男朋友，以及与真人明星同框合影互动。

图4-1　全球最早一代的虚拟偶像——Lil Miquela[①]

若论时尚界的网红排名，Lil Miquela名列首位毫无疑问。这位时尚界的大明星经常奔走在各大品牌的形象代言人发布会上，还曾受邀参与米兰时装周品牌宣传，拍摄Chanel广告大片，影响力非同凡响。

虚拟偶像既是元宇宙的开端，也是引领人类进入虚拟世界的"活导航"。

图4-2　Lil Miquela参加时尚活动[②]

◎ 虚拟偶像行业的三个发展阶段

虚拟偶像自从问世以来，技术上进行了多次迭代升级，具体

---

① 图片来源：Meta。
② 图片来源：Meta。

可归纳为以下三个阶段，如图4-3所示。

第一阶段，初创期。虚拟偶像发展初期主要是指从1962年到2003年。1962年，贝尔实验室提出了最早的虚拟偶像概念，并发明了IBM 7094，它是首个会唱歌的计算机；随后，日本在1984年的《超时空要塞》影片中诞生了第一个虚拟偶像——女主角林明美；到了2001年，我国第一个虚拟偶像青娜问世，后期由于成本过高而未再继续应用。

第二阶段，成长期。这一阶段的时间线为2004年至2015年。从2004年集漫画、游戏、影视为一体的偶像"明星"E欣欣的降世到2007年日本Crypton公司研制的虚拟偶像"初音未来"，再到2012年初登春节联欢晚会的国内虚拟歌姬洛天依，虚拟偶像在内容制作、技术提升、确保现场调配等方面都有了良好的改善，逐步走向成熟阶段。

第三阶段，发展期。这一阶段从2016年至今。随着2016年日本虚拟偶像"绊爱"在YouTube频道的大火，Vtuber概念开始在我国流行，被称为"管人"，她的扮演者叫作"中之人"；live2d模型的应用又进一步降低了虚拟人的制作成本，CeVIO技术、引擎技术让虚拟偶像制作流程全面提速，进入发展期。

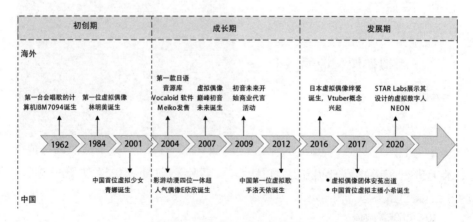

图4-3　虚拟偶像发展的三个阶段

事实上，虚拟偶像近些年受到大众的广泛关注也不足为奇。真人负面新闻刷屏、疫情催生线上娱乐产业，这些都为虚拟偶像带了重要的发展契机。虚拟偶像本身自带可爱、萌新的卡通形象，以及"超写实数字人"AYAYI形象酷似真人再次将虚拟偶像产业推向了高潮，在各个领域的应用也越来越广。随着元宇宙概念的火爆，人们对虚拟偶像的接受度不断攀升，虚拟偶像的破圈时机也到来了。

◎ 虚拟偶像的出圈动力

虚拟偶像之所以能够在短短几年内快速走红，除去元宇宙的推波助澜外，其实还有以下几个因素。

第一，"95后"和"00后"群体的扩大。我国2021年度人口统计数据显示，"95后"和"00后"群体的人口数约达到了2.6亿，这一群体支撑了整个互联网消费市场。因为对互联网科技的信赖和喜欢，他们更容易接受和包容数字化环境的改变。可以说，这群体是推动虚拟偶像产业发展的最大动力。

第二，粉丝经济的影响。当今是粉丝经济时代，粉丝群体覆盖影视、游戏、动漫等娱乐行业，偶像成为粉丝群体消费的主要对象。虚拟偶像无论从成本还是自身特点都相较于真人偶像更加容易控制。所以，虚拟偶像产业更具有稳定的商业价值，让很多资本争相布局，这也是虚拟偶像快速破圈的主要原因。

第三，极具人性化。虚拟偶像是元宇宙极具人性化的一种基于软件技术的延伸应用，符合元宇宙中"以人为本"的基本定律。虚拟偶像在元宇宙中能够"活"出真人的模样，包括恋爱、代言广告、开演唱会、交男朋友、离婚等。这种人性化的处理更切合实际，能够满足人们所有的娱乐需求。

元宇宙的世界是广阔和复杂的，在虚拟偶像的赋能下元宇宙将充满更强的生命力。拥抱虚拟偶像就等于拥抱了未来，为了创造丰富的元宇宙新生态，虚拟偶像将在万众瞩目下成为跨次元、跨现实、跨时代新浪潮的引路者。

4.2　通往元宇宙的领路人：柳夜熙

元宇宙正在为人们构架一个直观而宏大的虚拟世界。在元宇宙中，虚拟偶像与元宇宙具有天然的契合度。有了元宇宙概念的加持，虚拟偶像的热度一路暴涨，柳夜熙就是受益者之一。这个出生就带有元宇宙标签的美妆达人，仅一夜之间火爆视频平台，不愧被网友们评论道："出道即巅峰。"

柳夜熙单条视频的点击率，就足以让现实世界的网红主播甘拜下风。随之，元宇宙中的虚拟偶像又一次被推上了热门榜首，成为"万千宠爱集一身"的热搜话题。

◎ "我看到的世界，你也能看到了"

"现在，我看到的世界，你也能看到了，如果你变成虚拟人物，第一件事想做什么？"——这是虚拟偶像话题#柳夜熙#的一句文案。

这个频频刷爆短视频平台战胜各大网红主播的柳夜熙，其实已经走红一段时间了，在本书开篇也提及过。只是人们仅关注到了它与美妆有关联，与元宇宙有关联，却未发现她已经被热捧为元宇宙的领路人之一。那么柳夜熙究竟诞生于哪里？又为何被封为元宇宙的领路人？

图4-4　虚拟偶像柳夜熙官方截图

柳夜熙，很多网友将她称之为"一位会捉妖的虚拟美妆师"。她是IP孵化机构创壹孵化的虚拟偶像，身着古装服饰，妆容怪异，形似真人，号称能捉妖的美妆博主，如图4-4所示。2021年10月31日，柳夜熙发布了第一条名为"现在，我看到的世界，你也能看到了"的视频，并为其加上了美妆、虚拟偶像、元宇宙的标签，视频发布仅一天，粉丝量就上涨130万，点赞数多达273万。截至2021年12月底，柳夜熙的粉丝数已高达800多万，获得点赞数1700多万次，如图4-5所示。真可称得上是虚拟网红界出道走红用时最短的大咖了。

创造柳夜熙的制作团队是深圳创壹科技文化有限公司的"创壹视频"。这支团队致力于特效制作、内容电商、内容生产等数字化内容创作。他们通过市场数据调研后毅然决然地决定进入元宇宙"虚拟偶像"的赛道。创壹科技创始人谢多盛称："在前三年的后期特效视频制作中，团队储备了丰富的技术经验，像CG和面部驱动技术等。同时，

图4-5　虚拟偶像柳夜熙的抖音账号

我们还积累了不少美妆领域的品牌资源。于是，'元宇宙+虚拟偶像+美妆'的创新概念就这么诞生了。"

图4-6　虚拟偶像柳夜熙官方宣传片截图

当然，关于柳夜熙的短视频目前来看还只是带有元宇宙中虚拟偶像概念的宣传片，没有在现实世界真正落地应用，如图4-6所示。视频中的CG特效制作需要花费大量的时间和资金，并不是实时生成的虚拟人，所以暂时还只处于提出想法阶段，在短视频领域美妆圈尚未造成明显的影响。

换句话说，就是柳夜熙还不能达到美妆、带货直播实质的意义，只有通过一系列的动作捕捉技术才有望实现互动、带货直播的愿望。其实世界AI技术顶尖水平已经能够具备实现这种实用性的程度，但是高成本的投入对国内众多企业来说总有些望尘莫及。话说回来，元宇宙的世界一切皆有可能，创壹视频说不定在未来会给我们制造惊喜呢！

值得肯定的是，创壹视频在创造柳夜熙时就为她贴上了三个话题标签：美妆、元宇宙、虚拟偶像，除了要将这三个话题送上热门，更重要的是它想通过虚拟偶像引起的不同话题热度，为未来虚拟偶像的发展做示范。

元宇宙是互联网的"未来式"，有人说把虚拟偶像当作元宇宙的领路人还为时尚早，可不管怎样，柳夜熙已在短视频平台为品牌方创造了佳绩，虚拟偶像终究正在带领整个元宇宙走向世界。

4.3　资本入局，虚拟偶像变现迎来春天

虚拟偶像的迅速走红，使全球的整体产业链正在朝着向上的趋势发展。随着虚拟偶像的商业价值逐渐显现，更多产业的品牌方看到了虚拟偶像未来的发展契机，开始入局虚拟偶像变现轨道，其中不乏新闻媒体、游戏、教育、金融、电商直播等行业，见表4-1。

表4-1　虚拟偶像涉及的应用领域[①]

领域		场景	角色
泛娱乐	影视	数字替身特效可以帮助导演实现现实拍摄中无法表现的内容和效果，已成为特效商业大片拍摄中的重要技术手段和卖点	数字替身
	传媒	定制化虚拟主持人/主播/偶像，支持从音频/文本内容一键生产视频，实现节目内容快速、自动化生产，打造品牌特有IP形象，实现观众互动，优化观看体验	虚拟主持人虚拟主播虚拟偶像
	游戏	越来越真实的数字人游戏角色使游戏者有了更强的带入感，可玩性变得更强	数字角色
金融		通过智能理财顾问、智能客服等角色，实现以客户为中心的、智能高效的人性化服务	智能客服智能理财顾问
文旅		博物馆、科技馆、主题乐园、名人故居等虚拟小剧场、虚拟导游、虚拟讲解员	虚拟导游虚拟讲解员
教育		基于VR/AR的场景式教育，虚拟导师帮助构建自适应/个性化学习环境	虚拟导师
医疗		以数字人实现家庭陪护/家庭医生/心理咨询，实时关注家庭成员身心健康，并及时提供应对建议	心理医生家庭医生
零售		从大屏到机器人到全息空间，从数据分析、个性营销、智能货架、无人商店四大应用场景切入构建线下零售服务新流程。电商直播的虚拟数字人与真人主播和观众互动，介绍商品	顾客服务数字人 商家管理数字人虚拟主播

---

① 数据来源：《2020年虚拟数字人发展白皮书》

艾媒咨询最新发布的《2021中国虚拟偶像行业发展及网民调查研究报告》显示，2020年中国虚拟偶像核心产业规模为34.6亿元，相比往年增长迅速，尤其是对周边市场发展的影响更为明显。

2021年10月20日，国家广电总局发布的《广播电视和网络视听"十四五"科技发展规划》中给出了关于虚拟数字人发展的指示，规划中指出，要推动虚拟主播、动画手语广泛应用于新闻播报、天气预报、综艺科教等节目生产；还要同时探索视频主播、数字网红、直播带货等虚拟形象在节目互动环节中的应用，增加个性化和趣味性，如图4-7所示。

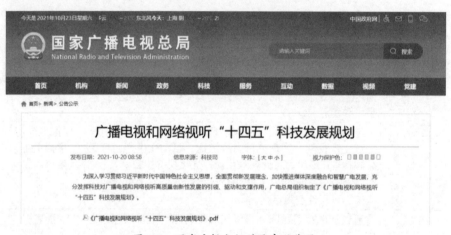

图4-7　国家广播电视总局官网截图

由此可见，虚拟偶像行业不仅前景可观，而且获得了相关政策支持，这也是如此多的资本纷纷入局虚拟偶像行业的原因。

◎ 虚拟偶像产业崛起

虚拟偶像是目前以及未来一段时间数字世界的新宠，资本不断挖掘虚拟偶像的商业价值，头部企业争先恐后地大力投资虚拟偶像。由此看来，资本才是虚拟偶像频频出圈的幕后推手。

例如，爱奇艺打造的首个中国训练偶像综艺节目；Bilibili在虚拟偶像产业布局版图上的扩大；字节跳动投资乐华娱乐；中科深智等技术提供商为各大品牌提供数字化技术，加快了虚拟偶像IP的更新速度等。

其中，B站是创作虚拟主播和虚拟偶像的主要网络社区平台，在2021年登上央视春节联欢晚会的著名虚拟偶像洛天依，就是该平台创作团队经过长时间的技

图4-8　虚拟偶像洛天依官网截图

术渲染而诞生的产物，如图4-8所示。此后洛天依成为多家知名品牌的代言人，并数次与真人偶像同台演出，凡参加的大小演唱会场场门票售罄。

例如，"创世之音"就是由B站和SMT（上海东方传媒技术有限公司）共同打造的虚拟主播演唱会，到2021年已经举办了两季，每场演唱会都会集结十几名虚拟主播演出，特别是第二季从内容形式上又进行了创新升级，瞬间掀起了网上的狂欢热潮，如图4-9所示。这是B站在元宇宙领域的又一次全新探索佳作。

2021年12月6日，在中国电信全资控股子公司天翼爱音乐文化科技（简称"爱音乐"），发布的《2021年元宇宙虚拟人定制及内容制作项目比选公告》中显示，该公司要在广州市创建多个元宇宙数字人项目，包

图4-9　"创世之音"虚拟演唱会官方宣传图

括数字人形象建模、数字人形象造型、平面制作等，见表4-3。预计该项目从签订合同之日到2023年6月30日将花费268万元。可见，中国电信要在元宇宙社会生态内容建设、元宇宙软件等方面加大投资。

表4-3　元宇宙虚拟人定制及内容制作项目详情

序号	项目	业务技术描述	单位	备注
1	数字人形象-建模	定制超写实级别虚拟人物模型，包括人物设计三视图、扫描、模型制作、毛发解算、UV贴图、材质制作、模型绑定	1个	定制超写实级别虚拟人物模型，包括扫描（1∶1全真扫描）、模型制作（真实皮肤复现）、毛发解算（Xgen毛发制作）、UV贴图、材质制作、模型绑定
2	数字人形象-造型	设计适合角色定位风格的造型，使用3D模型PBR流程制作超写实人物设定，包含服装设计、实体服装扫描、模型制作、贴图绘制、材质制作、布料绑定及解算	5个	设计适合角色定位风格的造型，包含人物设计三视图（3个角度设计图）、5服装设计（每套1张角度设计）
3	平面制作	实景拍摄场景，并对动画角色渲染制作，包含实景背景、全身模型渲染	8个	实景拍摄场景，并对动画角色渲染制作（角色身体采用拍摄，头部换CG动漫头），包含实景背景（影视基地选景）、全身模型渲染（采用Maya渲染），要求：图片输出4K
4	视频-短剧制作	30秒内静态场景全虚拟动画制作，包含动作捕捉、人物动态、灯光匹配、合成人物层渲染输出	10个	静态场景全虚拟动画制作，包含动作捕捉（Optitrack光学捕捉）、人物动态（Optitrack光学捕捉）、灯光匹配（Maya灯光设置）、合成人物层渲染输出（Maya渲染）。要求：每条30秒，分辨率不低于1920*1080，运用形象造型服装5套
5	视频-CG短片制作	30秒内CG广告级别PV渲染，包含编导、制片、创意、美术、动画特效等工作人员，含人物动态、场景动画、视频后期特效、调色等	1个	CG广告级别PV渲染，包含编导、制片、创意、美术、动画特效等工作人员，含人物动态（Optitrack光学捕捉）、场景动画（全Maya场景）、视频后期特效（Maya与Houdini特效）、调色（Nuke、达芬奇二级调色）等。要求：每条30秒，分所率不低于1920*1080，运用形象造型服装5套，切换的场景不少于4个
6	KOL合作宣发	10万粉丝量以上KOL，矩阵自媒体传播（包括抖音、视频号、B站）	15个	KOL选择需经音乐公司确认

由此可见，全球各大产业在虚拟与现实的融合下得到了有效扩容，给众多大企业带来了巨大的想象空间。虚拟偶像的商业价值正在被挖掘和利用，使更多产业链奔向多元化。

◎ 品牌市场新宠儿——虚拟代言人

当很多品牌的真人代言人频频曝出负面新闻，大量品牌方陷入前所未有的经济困局时，虚拟偶像迎来了出道的好时机。由于虚拟偶像可控度高，且人设崩塌率几乎为零，安全风险极低，各大品牌方便将目光转移到了虚拟代言人的身上。因此，越来越多的新一代虚拟代言人涌现出来。

1. 奈雪のNAYUKI

2021年12月7日，品牌"奈雪的茶"在生日季重磅推出了名为NAYUKI的虚拟代言人IP，其人物形象与奈雪标志性的Logo完全相符，身着绿色服饰，可以从虚拟世界穿越时空来

图4-10 虚拟偶像奈雪的茶

到现实世界，它是为探索元宇宙的美好未来应运而生的，如图4-10所示。关于奈雪的故事，我们将在后面的章节具体讲述。

2. 花西子

如今很多企业的虚拟代言人均为自创虚拟形象，其中花西子就是一个典型的例子。花西子的虚拟代言人展现了东方女性的美，手拿花西子的品牌花"并蒂莲"，整个形象流露出了花西子品牌赋予她的女性"绝世独立"的个性特点，眉宇间传递着品牌的精神能量，如图4-11所示。

图4-11　虚拟偶像花西子

3. 小米

在小米推出的红米 Note 4X 手机上添加了合作品牌方初音未来的Logo形象，如图4-12所示。除此之外，该款手机还赠送了定制版的初音未来手机壳和充电宝。令人意想不到的是，这款手机在B站实现了1秒售罄的最佳战绩。

图4-12　小米与初音未来合作

4. 欧莱雅

2021年11月11日，欧莱雅与乐华娱乐合作，将国内顶级流量虚拟偶像女团A-SOUL选作跨次元推荐官，此次合作令两家知名企业实现了双赢，如图4-13所示。

代言人是品牌精神和文化的传递者，为的是吸引更多消费者的关注。虚拟代言人恰好符合品牌方打造代言人的目的，能够在宣传初期就吸引年轻一代消费

图4-13　欧莱雅的推荐官—虚拟偶像女团A-SOUL

者，为品牌方带来一定的声誉和热度。

值得注意的是，虚拟偶像需要迭代升级来维持与粉丝的互动关系，若想继续扩充虚拟偶像产业的市场规模，不但需要庞大资金的支撑，还需要更多数字技术的加持，才能实现在多领域产业联动下的变革，构建出新时代的"次元"宇宙。

4.4　元宇宙时代，虚拟偶像何去何从？

未来有一天，当虚拟偶像遇上真人偶像，两者谁会更胜一筹？

如果是新兴、时尚前沿的品牌，虚拟偶像也许是个不错的选择，为品牌带来很大的影响和热度。对年轻人来说，新兴品牌的关注度会更高，虚拟代言人也自然会被接受和热捧。同时虚拟代言人也可以更形象地表达品

牌潮流的定位。

相反，对成熟或受众欢迎度高的品牌而言，真人代言人相对更有优势，更容易为品牌带来较高的收益。为什么会这样呢？

其实，虚拟偶像纵然有很多真人偶像没有的特质，但是也并非想象中的十全十美。

首先，成熟或是受欢迎度高的的品牌方通常有一定的群众基础，其中包括中老年，而这一群体对虚拟偶像的接受度不高，很难理解年轻人追逐潮流的心理。其次，相对虚拟偶像，真人代言人更能让人产生共情，并且影响力和传播力更有效。最后，尽管大部分企业竭力宣传自己品牌的虚拟偶像，目前虚拟偶像的受众群体仍是小众群体，距离大众偶像还有很远的距离。

◎ 虚拟偶像的发展困境

目前来看，虚拟偶像产业发展依然处于早期摸索阶段，虽然入局该产业的企业逐渐增多，但还只停留在品牌营销上，关于市场运营增长并没有形成多大的影响。对很多中小企业来说，即使虚拟偶像未来发展可观，它在运营和营销上仍存在很多难题亟须解决。

1. 成本困境

虚拟偶像从诞生到宣传营销，无论是制作设备还是后续的宣传活动，需要消耗大量的资金去运营。这对中小企业来说，常常因收入和支出不成正比而出现入不敷出的情况，尤其虚拟偶像营销引流的成本很高。因此，品牌方往往感到望尘莫及。

2. 变现困境

除了成本方面的难题，虚拟偶像短期变现也是一大难题。国内仅有少部分像洛天依一样的虚拟偶像可以通过演唱会、商演活动等赚钱方式进行变现。大部分虚拟偶像的主要变现方式还是全靠粉丝。但是虚拟偶像并不像真人偶像拥有较多的宣传渠道，要想形成大量的粉丝团体需要长时间的积累，所以短时内实现盈利是件难事。

3. 技术困境

当前国内人工智能技术与国际顶尖水平相差甚远，仍然需要不断升级和强化，虚拟偶像不能让粉丝从其身上感受到如真人偶像般的亲近感。

4. 法律困境

很多品牌方为了提升虚拟偶像的宣传度，有时可能在升级仿真度和应用性时不经意间触犯了相关的法律规定，比如广告虚假宣传、侵害个人隐私权等问题。因此品牌方应实事求是地认真考察，防止产生误导消费者的情况。同时，相关部门也应尽快制定关于虚拟偶像行业技术的法律条文，从而降低虚假宣传带来的法律风险。

任何产业在崛起的同时势必会面临种种现实困境，虚拟偶像产业也不例外。但作为元宇宙的引路人，其未来商业价值的影响力仍具有很大的发展空间。

英国前首相丘吉尔说过一句话："不要浪费一场好危机，每一次危机，都隐藏着机会，危机越大，机会也就越大。"相信在不久的将来，因为虚拟偶像的存在，元宇宙将会变得更加绚丽多彩。

社交、兴趣社区变现：

共创体验式社区型元宇宙

无论是"元宇宙第一股"Roblox，还是字节跳动提出的"社交元宇宙"项目 Pixsoul，抑或是以 Soul 为链接的"社交元宇宙"。它们之所以率先迈入元宇宙的门槛，是因为它们有着与元宇宙相同的元素，例如新创建的虚拟形象，没有设限的社区，各种场景化的语音聊天，等等。

兴趣社区的创建者不再因高技术壁垒受到限制，任何企业或任何人都可以以用户为核心建立业务。创建者正在凭借自己得天独厚的竞争优势——和受众的新型联系方式、对某些社群的独特见解等为人们构建丰富的体验内容。

目前，元宇宙的大浪刚刚卷起。未来几年，各行各业的创建者将迎来巨大的经济机遇，超出以往大公司的伟大成就，那将是"长风破浪会有时，直挂云帆济沧海。"

5.1 未来社交新模式：元宇宙＋社交

元宇宙+社交是未来社交的新型模式。元宇宙与传统社交模式的区别在于利用数字技术构建的"数字拟真交流空间"，提升了沟通效率，不再拘泥文字、语音、视频的交流方式，更贴合现实。不仅如此，元宇宙扩大了用户的交友圈，不受限于熟人。如果我们将PC互联网社交软件看作熟人沟通的主要形式，那么元宇宙就是陌生人社交的新主场。

亚里士多德说过："从本质上讲，人是一种社会动物，那些生来离群索居的个体，要么不值得我们关注，要么不是人类。"自从互联网走进人类的生活，人们的社交方式就在不停地更迭。从起初的论坛+IM、Facebook，到后来的移动社交软件、短视频，这些社交方式都成为人与人连接的重要纽带，颠覆了人们传统信件邮递的沟通方式。

然而，我国年轻人对社交平台的渴求更高，他们更加渴望能够应用如Snapchat（快照）或Instagram（照片墙）的个性化社交产品，不喜欢自己的隐私信息被长辈窥探。尽管现在新型社交平台不断涌现，但是还没有满足年轻人充分交流、自由表达、展示个性、结交好友的需求，而这正是社交行业的新机遇。

◎ 社交行业新机遇——元宇宙与"Z世代"

"Z世代"主要指的是"95后"、"00后"的年轻群体。这类群体是互联网的原住民，喜欢通过互联网广交朋友来消除心理压力和孤独感。QuestMobile最新发布的《"Z世代"洞察报告》显示，截至2020年11月，Z世代在互联网上的活跃用户规模已经超过了3亿人。

Z世代的人群不喜欢被束缚，更崇尚无拘无束的生活。在得不到长辈的理解时，他们渴望在社交平台中寻到价值观一致、志同道合的朋友，彼此分享生活和工作中的琐事。

如今，大部分社交平台并不能满足年轻人的需求，例如有些社交平台的社交群体局限于线下的熟人关系，很难结识相同喜好的朋友；有些社交平台具有重娱乐轻社交的特点，未给年轻人提供自由交流的环境；还有些社交平台虽然功能上满足了年轻人的社交需求，却不能站在平等的地位交流，往往是从下对上的"仰视"。

虚拟身份虽然是年轻人在互联网的化身，但是他们不想将现实身份与虚拟身份混为一谈，害怕自己的身份和隐私被暴露，他们更愿意在以虚拟身份社交时展现自己的随性、自由等多重个性。这也是Snapchat的活跃用户少，但用户在平台沟通效果更好的缘故。当真实世界与虚拟世界有了界限，用户自由交流时的顾虑就少了很多。

在元宇宙中，如果按传统的社交平台创建，即使是接入VR/AR、5G等高科技，也未必能满足现实需求。只有进行底层的、颠覆性的重新规划和改造，才能真正拥抱元宇宙。以下两个社交平台便是最好的例子。

1."天聊"App

"天聊"App是一款能够解除用户遇到熟人的顾虑，保证个人隐私信息安全的社交平台。研发人员利用大数据算法为用户匹配对应的聊天室，用户在聊天室中自由畅聊，总会遇到"知己"。这款软件系统设置了很多安全机制，避免了隐私信息泄露，是年轻人广交天下朋友的理想圣地。

2. "虾菇"小程序

"虾菇"小程序是一款元宇宙时代的社交应用，如图5-1所示。它是将生活中的真实场景搬到了元宇宙中，在这里人们可以买下自己的地皮摆摊做生意。用户可以通过微信搜索"小程序"进入元宇宙时空，感受元宇宙中的"夜市"。这种社交方式既有趣，又能给用户带来收益，体现自己的价值，满足年轻人在现实世界中未能完成的创业梦想。

图5-1　"虾菇"小程序

互联网时代带来的隐私泄露、社交压力让人们总想逃离到另一个世界，各种屏蔽隐藏功能在与年轻人面临的压力抗衡时都显得微不足道。让我们给元宇宙社交更多的想象空间，但愿有一天元宇宙社交平台能够帮助年轻人解决社交痛点。

5.2 "元宇宙第一股"Roblox：提升用户的社交体验

2021年，元宇宙社交的轮廓初见雏形。前文简单介绍了Roblox在游戏领域的发展，除了游戏，其实Roblox更是为千万用户创作的社交平台。

Roblox是全球最大的多人游戏创作与社交平台。在游戏里，用户可以进行自由创作，体验即点即玩、多端打通的沉浸式社交游戏。随着开发者活跃度的提升，用户量也节节攀升。Roblox平台官方数据披露，2021年11月Roblox平台日活跃用户为4940万人，同比上升35%，平台强大的社交属性构成了企业市场坚实的壁垒。

◎ Roblox——搭建社交元宇宙，提升用户体验

在Roblox的世界中，游戏用户既是游戏创造者，又是游戏的参与者。开发者和创作者持续不断地打造3D和沉浸式的场景体验。所有游戏玩家都可以基于平台建立友好的社交关系，他们可

图5-2　AdoptMe! 游戏

以是现实生活中的好朋友，也可以是游戏中结识的朋友。例如，Roblox中"Pizza店打工"等游戏就类似于火爆全网的游戏Adopt Me中玩家自扮家长和孩子的场景，让玩家感受社交互动的乐趣，如图5-2所示。

表5-1　Roblox 2021年火热的13款游戏[①]

编号	游戏名称	类型/内容
1	Anime Fighters	多人战斗
2	Pet Simulator X	孵化蛋
3	A Universal Time	人生体验
4	Adopt Me!	领养宠物
5	Brookhaven RP	创造世界
6	Blox Fruits	战斗
7	Meep City	人生体验
8	Welcome To Bloxburg	领养宠物
9	Royale High	社交游戏
10	Shindo	个人战斗
11	Murder Mystery 2	探案游戏
12	Arsenal	个人战斗
13	Piggy	多人战斗

（编号不代表排名）

从表5-1，我们可以看出Roblox的社交属性是吸粉的关键。游戏玩家和创作者在平台上不仅可以过着自己想要的生活，让自己创作的虚拟形象、生活环境、交换资源得到认可和关注，还可以花费Roblox平台使用的虚拟货币——Robux购买服装、道具等来装扮自己的虚拟形象，当然Robux的获得方式需要玩家进行充值才行，这也是开发者在平台赚取Robux变现的主要途径。

就像创始人大卫·巴斯祖基（David Baszucki）在打造元宇宙时所说："元宇宙是一个将所有人相互关联起来的3D虚拟世界，人们在元宇宙中拥

---

①　根据公开资料进行整理。

有自己的数字身份，可以在这个世界里进行互动，并创造任何他们想要的东西。"

Roblox公司的数据显示，开发者在2020年从平台赚取的金额高达2.5亿美元。在前半年中，超过1000名开发者已经从平台分成1万美元以上，超过200名开发者获得10万美元以上的收入。从Roblox开发者的活跃度，我们可以看出此游戏的火爆程度。

关于Roblox火爆的原因，很多人将其归纳为以下几点：

（1）Z世代对虚拟生活和虚拟身份的需求持续升高，为用户提供的沉浸式场景体验具有很强的吸引力，能够让年轻人与现实世界融为一体。

（2）区块链、数字货币在虚拟世界已成功取代现实货币，成为虚拟生活中的主要支付方式。

（3）相比现实世界，虚拟世界的社交关系更具独立性，更受年轻人青睐，基于虚拟世界的社交软件将有可能逐步淘汰传统社交软件。

综上所述，Roblox成功的商业模式将为其他创建元宇宙的企业带来无限的启发。它打造了一个完整多元化的社交经济生态。Roblox在发展过程中，通过虚拟货币打通了游戏玩家和开发者的连接阻碍，让用户可以感受多种场景的游戏体验，逐渐形成了较高的用户黏性，进而使Roblox在元宇宙的发展道路上行稳致远。

5.3　国内社交元宇宙先行者——Soul

Soul是一款开拓元宇宙社交新思路的社交软件，它不但是国内元宇宙的先行者，也是Z世代年轻人的社交首选。独特的使用方式、沉浸式的交流体验让Soul成为元宇宙时代社交平台的"大咖"。

◎ 帮助用户获得高质量的社交关系

Soul能够在众多社交软件中赢得年轻人的接受和认可，主要原因在于它不是一味地复制其他社交软件的技术功能，而是另辟蹊径，根据年轻人社交差异化的需求，创建了"社交元宇宙"，如图5-3所示。

图5-3 Soul App官方宣传图

在Soul平台上，用户如果想交到知心朋友，需要先注册自己的虚拟身份，并设定虚拟形象，完成一个与自己喜好相关的兴趣测试，再挑选一个突显性格特点的标签。Soul会利用AI算法根据用户的社交虚拟形象以及兴趣图谱为之匹配好友。这种社交方式脱离了打招呼的方式，也不再以约会交友为目的。

同时，Soul不但不支持各类社交好友、电话通讯录好友的导入，也不支持真人照片上传，真正实现了虚拟世界与现实世界的区隔，打破了现实世界"只看脸"的交流障碍。人们在这里更注重兴趣爱好和精神层面的交流，无所顾虑地自由交流。这与"社交元宇宙"的主题具有完全相同的适配度。

1. 社交页面

Soul的社交页面不同于传统社交平台，它的页面内容极其富有新意，以"兴趣社交"为核心，平台内设有多元化场景的游戏内容，包括星球社交、群聊派对、在宠物星球、Soul狼人等。可以说，Soul是集社交、游戏、社区为一体的互动平台。

2. 个性商城

个性商城是Soul为用户提供的商

图5-4　Soul App个性商城

品购物服务，用户可以花费Soul币购买虚拟礼物、虚拟头像、Giftmoji等，以此来增强自己在平台的体验，如图5-4所示。到2021年11月，捏脸师售出高达7000多次。相比这些数字，人们更重视的是在平台上找到的价值感和归属感。

3. 唤醒空间站

图5-5　草莓音乐节Soul唤醒空间站

唤醒空间站是Soul独特的活动标语，它吸引无数年轻人因共同的兴趣爱好在这里相聚，如爱好音乐、摄影、旅行、二次元等。例如，

2021年5月，Soul与草莓音乐节携手打造的Soul real——唤醒灵魂，一群热爱音乐的"95后"从线上到线下，彼此感受Soul带来的温暖、欢乐、真实的社交新体验，如图5-5所示。唤醒空间站会邀请参与者体验"灵魂基因测试"，并可获得一张"Soul唤醒空间站"的纪念票根。

图5-6 Soul灵魂奇境艺术展

4. Soul 灵魂奇境艺术展

Soul的社交元宇宙远不止这些。2020年11月，在上海淮海TX举办的灵魂奇境艺术展成了潮流展的聚集地，Soul利用数字声光装置打造的沉浸式光影艺术，触发参与者的心灵感应和灵魂共振，如图5-6所示。

作为社交领域的先锋者，Soul满足的不只是社交连接和自我表达，而是年轻人社交的多重需要。Soul通过社交元宇宙让用户寻到高维空间兴趣相投的伙伴，引领社交产品走上一个新台阶，这就是"社交元宇宙"的奥义。

5.4 越来越热的元宇宙社交赛道

元宇宙社交助力人们实现从一个物理空间进入另一个平行虚拟时空的"双超越"人生体验。人们戴上耳机和目镜就可自由翱翔于元宇宙当中，以虚拟身份与元宇宙中的人和物对话、拥抱，这正是元宇宙的创造者尼尔·斯蒂芬森在《雪崩》中想要表达的定义——元宇宙是一种人与人之间崭新的社交方式。

在元宇宙中，每个人都会感受到超越现实的不同的社交体验。于是，有些人认为，越早创建带有元宇宙概念的社交平台，就越容易抢占元宇宙中的市场先机。

◎ 元宇宙社交，未来新风口

当元宇宙的风口露出时，全球企业蜂拥而至，要想趁早进入风口占领最佳位置。在国外，有Facebook、Oculus的VR产品Quest2、"捏脸"应用Zepeto、微软等虚拟社交平台纷纷"上车"。在国内，有Soul、3D虚拟视频社交软件秀蛋、飞聊和多闪等，它们也乘着元宇宙的班车不断探索社交领域的新方向。

除此之外，也不乏有很多软件此前并未受到大众关注，当元宇宙概念火起来后，它们也随之变得火热，例如Arteffect（物布空间）、星偶等，自从戴上元宇宙的头衔，便成为大众热捧的赛道选手。

在很多人眼中，元宇宙或将在社交火爆的效应下扩大构建领域。话虽如此，元宇宙社交仍无法避免遭遇技术层面的难题。例如，人们常常想象元宇宙中可能会拥有现实世界的所有事物，但事实却是虚拟社交平台上的多元化内容的构建、用户角色的多样性，以及区块链的完整创建等都有待完善和升级。由于元宇宙社交正处于早期发展阶段，因此高质量的沉浸式体验画面、多人互动的要求等高水平数字技术的需求也是目前元宇宙面临的难题。

为此，从概念的提出到构建完美无缺的元宇宙生态，未来还有很漫长的路要走。既然如此，"模仿"那些非常火热的虚拟社交平台是否可行呢？

纵观国内外企业，那些失败的社交产品，哪个不是为了打造自己的品牌而走捷径复制其他产品，最后一败涂地呢？足以见得模仿不是一条很好的出路，唯有从用户需求的角度出发，苦心钻研打磨，才能创造出惊世绝伦的产品。要知道，做社交产品不是为了"火"，而是为了用户获得更好的体验。

除了考虑用户需求外，以"慢"为进也是构建元宇宙社交的关键要素。"唯快不破"是前些年很多行业发展流行的真理，但是"快"的结果可能往往适得其反。那些喜欢做一只赛跑中的"乌龟"的企业，却可以实现稳扎稳打，持续增长。在元宇宙时代，创业者同样需要这样的"以慢打快""深耕细作"的能力。

我们要懂得元宇宙没有固定的商业模式，为满足Z世代年轻人的社交需求，创新开展多元化业务成为未来企业发展的重要目标。例如，游戏化的社交体验，通话基础功能游戏化、休闲小游戏的引入，让用户沉浸在社交平台，放松无压力地与人畅聊，进一步打破虚拟与现实社交的边界。

不管怎样，社交元宇宙的风口已经开启，虚拟世界的社交场景正在元宇宙中实现，数字化的社交形态将随着新技术的变革逐步被更新。未来，要想靠单一的能力来达到技术层面或社交模式的创新，应是难上加难，企业更需要深挖"用户"的需求，融入"混搭"式创新来构建成熟、完整的元宇宙社交生态。

第 6 章

小说、影视剧等沉浸内容变现：

实现创作者与粉丝的连接

2021 年 9 月，在华策影视的投资者互动平台上曾有人提问：你们出品的《刺杀小说家》IP 属于元宇宙范畴吗？

华策影视回应：《刺杀小说家》IP 本身并不在元宇宙范畴，但如果未来有成熟的技术条件，可以利用 VR/AR 等技术开展新的场景应用，提高消费者的消费体验。

近几年，由流量明星 +IP 编织的"爆款公式"渐渐失灵，而随着小说 IP 影视化，越来越多的影视公司在积极搜寻优质文学作品，期待将其转化为影视作品后成为爆款，获取高额收益。这也意味着，在内容为王的时代，那些能够创作出沉浸式优质内容的作者，将在全新的竞争环境中找到更多变现路径。

6.1 元叙事：内容创作引爆元宇宙

关于元宇宙，它好像遥不可及，又似乎近在眼前，它更像是一个关于未来的命题，看不见摸不着，又让人心向往之。它存在的最大意义在于让人们对未来商业有了全新的思考路径。毋庸置疑的是在元宇宙中，人们的交互性、开放性、参与度与沉浸感都达到了前所未有的高度，元宇宙是价值互联网与信息互联网相互促进发展的新时代走向。

一方面，在AI、算法技术的加持下，互联网产业从二维互联网上升到三维元宇宙不再是梦。例如，在《营销革命4.0》中，在营销的进化路径、未来和价值驱动的基础上，又增加了数据化链接、大数据以及新一代分析技术等。此架构能够不断刺激新的营销思路，激活新的消费场景。

另一方面，如果从技术架构层面出发重新理解元宇宙概念，内容便是我们认识元宇宙的起点。内容产品的商业化和元宇宙的商业化，二者相互促进，前者是后者的重要组成部分，同样后者也会激发前者不断涌现更多的优质产品。

◎ 元宇宙的终极战场终将回归到内容创作

元宇宙的火爆离不开三个要素：

第一，天时——人类社会数字化进程的加速使发布会、毕业典礼、演唱会等都搬到了线上，虚拟世界成为现实世界各类活动的聚集地。

第二，地利——AI、云计算、5G VR/AR等技术的不断迭代和升级为构建元宇宙提供了极大的支持。

第三，人和——资本投资需求和创造需求，以及个体数字社交都在同步高涨。和传统的平台生产内容不同，用户生产的内容突破了在现实世界的限制，用户以更理想的状态、更低的成本创作更有趣的内容。

数据技术的迭代改变的是内容生产的效率，而不是创作者对人性的洞察。在虚拟世界中，做内容、做品牌的思路让以往分散的内容、创意及领域又一次大融合，所有的互联网公司和消费品牌都汇聚在统一起跑线上，进行重新洗牌。

值得深思的是，这种融合一定会缩短人们的"信息差"，相比低成本的技术和信息，内容创作者的洞察力显得尤为重要。

在互联网的发展历程中，元宇宙是极少数能让人们产生强烈共识且拥有极速破圈能力的新概念。它以简单的语言，把不同立场、不同领域的实践者凝聚在一起，让他们对元宇宙未来的想象力达成共识。

◎ 元宇宙内容创作的灵魂——元叙事

每个开发者在创建游戏世界时都难以脱离中心化本质。元宇宙最大的不同在于社会性极强，它突破了时间和空间的限制，改变了我们原本的沟通互动方式。在这个"新"世界里，每个人物的身份和社会关系都是完整的，是一个平行于现实时空的有温度的世界，拓展了生命的层次。

技术本身就是一种权利，而元宇宙是去中心化的存在，再往前推就是元叙事。简单地说，元叙事就是"宏大叙事"，它表达了对经历、知识和历史意义的完整叙述。就像描述一种人类解放和永恒真理的故事，充满寓言色彩，又带有终极性。从社会学角度来看，元宇宙和元叙事具有逻辑相同的特点，都是在追求"人类解放"的目标下，为人们建立一个全新的美好世界。

这些都与前面提到的观点不谋而合，资本投资需求和内容创作需求在同步上涨。那么，未来什么样的内容创作才能抓住时代的风口呢？

回首互联网的发展历程，从PC到移动互联网时代，再到如今的元宇宙时代，人们在生活、价值认知以及体验上都或多或少地发生了非常大的改变。例如，图文信息已从传统门户网站发展到了现在的微博、微信；视频信息已从腾讯、爱奇艺、优酷演变成了现在的快手、抖音；音频信息领域也不甘落后，相继出现了YY语音、TT语音和Discord等软件。

总之，这些改变本质上都是"社交产品"和"社区产品"。一方面，降低了产品的使用门槛，用户学习的成本相对较低；另一方面，UGC创作模式成为主流，越来越尊重用户的需求。UGC创作模式对元宇宙构建的作用如下。

第一，UGC 内容生产。

UGC与传统内容创作方式相比，不仅运营成本低，内容创作更富活力，更符合用户需求，而且在庞大的创作者团队支撑下，内容的创新能力提升，出现爆款的概率大增。

元宇宙是现实世界的投射，它包含了现实世界中的一切数字化。作为互联网的终极形态，元宇宙的内容一定要丰富多彩。既然元宇宙的构建对内容的需求量如此巨大，单独依靠某个公司输出内容是行不通的。只有将内容做到极致，虚拟空间才能真正变成另一个理想的生活世界。就目前来看，UGC是依托用户满足这一点的唯一希望。由于数字技术发展还不够成熟，未来UGC依旧可能是元宇宙内容扩张的核心路径。

第二，具备一定的社交属性。

在UGC系统中，用户可以创建极富个性化和自我表现力的虚拟形象，从而衍生出人们的社交互动。用户将自己的作品发布到产品社区，当内容逐渐变得丰富、有趣时，用户量也会随之增加，人们在互动中体验到强烈的氛围感和参与感，使产品变得更具活力。

第三，越简单越容易被吸引。

产品的使用方式越简单越吸引用户。这是一个很简单的道理，在信息碎片化的时代，人们更喜欢在短时间内找到自己想看的内容，完成自己想做的事。

微博字数限制为140个，抖音短视频15秒时长，这不仅是一种时间限制，也意味着网上发表信息或视频的创作成本降低，扩大了使用人群。由此可见，当产品友好度提升的时候，用户的体验度也会提升，从而有助于用户理解产品。或许，我们能够在此契机下实现遨游元宇宙的梦想。

◎ 通往未来的力量——数字内容创作

元宇宙是数字内容最好的孕育场。无论是在现实空间还是元宇宙，好的内容是获取用户的关键。伴随着AI、区块链、云计算、5G通信、3D引擎等数字化技术的日益成熟，元宇宙终于进入了雏形探索期。预计在未来5年内，PUGC游戏平台、数字人、数字孪生城市、VR/AR、NFT等领域会实现新的技术突破，不断探索出新的商业模式。

可以预见，元宇宙正期待着现实世界供给海量的数字内容。这也是目前多种技术要素聚集后，搭建元宇宙生态体量最大的部分。国内外抢先入场者也在内容层面尝试打开元宇宙的风口。例如，我国的中文在线，目前是我国最大的正版数字内容提供商之一。它的数字内容资源超过400万种，签约版权机构600余家，有370万驻站网络作者，签约知名、畅销书作者2000余位。作为在深交所创业板上市的"数字出版第一股"，中文在线也开始了元宇宙布局，和业内技术领先的AR/VR/MR/XR公司合作，开发IP领域的应用场景等。

归根结底，现实生活也好，虚拟世界也罢，我们追求的始终都是优质内容带给我们的极致体验。身处这个流量至上、内容品质略逊一筹的大环境中，或许元宇宙的到来会让更多人尝试从现实走向虚拟寻得一场内容盛宴。无论何时，也只有优质内容才能创造长久的价值。

6.2　打造沉浸式社区体验，剧本杀迎来资本风口

一代人有一代人的游戏。近几年，由于剧本杀极具故事性与场景性，吸引了一大批年轻的消费者。

回看元宇宙，它不同于以往的风口。元宇宙是一个偏整体的概念，不是某项具体的产品或设备，看似遥远抽象，却又包罗万象。单是在概念和定义上，就有可能让入局的玩家摸不着头绪，以此拉开差距。要想建成元宇宙这个"美丽的新世界"，人们需要意识到，除了要为用户提供很好的互动体验，还要创造有新意的场景，这样才有持续存在的价值。剧本杀是一个让玩家在真实场馆中体验推理性的项目，是一种浮光掠影式的线下娱乐，这里没有身份、地位和职业的差别，玩家初始化后和大家处于同一起跑线。

◎ 当剧本杀瞄准元宇宙，谁能抢滩沉浸式娱乐的市场？

如果说"80后"、"90后"流行的是KTV娱乐和电影院，那么如今的Z世代，"剧本杀"才是风头正盛。伴随着时代的更迭，线下娱乐场景也在发生变化，当今人们追求的是一种沉浸式的娱乐体验，剧本杀应运而生。

剧本杀是一款以推理破案为核心的游戏，这款游戏的来源是国外的聚会游戏——谋杀之谜。

目前，行业中剧本杀的类别更强调情感沉浸的沉浸本或者是机制对抗的阵营本，大大降低了玩家的入门门槛。这种娱乐方式主要依靠故事驱动，几个年轻人在特定空间、特定剧情中体验角色扮演的乐趣。

艾媒咨询发布的最新数据显示，在我国，剧本杀市场规模于2019年突破100亿元，尽管2020年受疫情影响，但依然增长至117.4亿元，2021年则突破170亿元，预计未来行业规模还将持续增长。

随着剧本杀行业衍生出的包括剧本创作展会、剧本杀从业者培训等产业链，资本逐渐将目光转移到了剧本杀领域。例如，拿到千万级天使投资的西安剧本杀品牌"来闹"，拥有千万级美元Pre-A轮融资的推理游戏"推理大师"。由此可见，剧本杀投资机会众多，渗透空间也十分巨大。

行业变化让剧本杀不得不随时改变以适应当下的发展，例如此前硬核的推理本火遍了大江南北，但热度过后紧接着就流行起了沉浸式体验本。有的剧本馆刚刚投入百万元装修还没开始营业，就要换另一种风格，不得不拆掉重来。剧本杀行业变化的周期越来越短，目前已缩短至三个月。

剧本馆要想留住玩家，增加客户黏性，稳定客源，就要有独家的、限定的好剧本。然而，剧本杀市场可谓是暗流涌动，在圈内打响第一枪的便是深圳梦墨会馆，备受年轻人热捧的剧本杀《你好》就是它的首部作品，

图6-1　备受年轻人热捧的剧本杀《你好》官方宣传图

作者是Will.Y，如图6-1所示。这部作品一经大连展会发布，瞬间成为全国的爆款。如今，梦墨会馆已经有四家直营店和一家加盟店。《你好》能够顺利出圈，原因可归纳为以下几点。

第一点，强调沉浸式体验，弱化推理与凶案。

虽然当时行业热点还是推理类剧本，但Will.Y独辟蹊径，将《你好》的内容设定为围绕阿尔兹海默症展开，配有大量的台词和插画。这对于喜欢看电影且偏爱温情、感动环节的玩家来讲，会得到身心的双重满足。Will.Y说，她的创作灵感源于自己的家人。她认为，当我们年老的时候或许会忘记很多事情，但自己不想把这种现象写得太过悲伤，她想以正能量的视角引起大家的关注和共鸣。

第二点，通过短视频营销，让剧本迅速出圈。

在大连的两场展会上，《你好》共售出3000本，随后策划团队商议通过短视频的形式进行宣传，诚邀购买《你好》的店家把玩家沉浸剧场的情景拍成小视频放到短视频平台上。目前，与《你好》相关的短视频在短视频平台共计上千条，累积播放量已经破亿。

在《你好》开本前拍成剧场小视频传播，这种方式与《你好》的脚本相得益彰。很多玩家为其宣传往往是自发的，在一段时间内确实产生了不小的影响力，以至于许多玩家见面打招呼时会问："嘿，你知道《你好》剧本杀吗？"大家认为玩《你好》是紧跟当下潮流的一件事，玩家在抖音上传的小视频，如图6-2所示。

成功发行《你好》仅是店家及新剧本项目发行突破自我的一个小缩影，之后也有很多剧本杀通过拍视频、短剧等方式进行引流。

图6-2 《你好》玩家上传的抖音小视频

◎ 剧本杀的未来破圈之路——努力讲好中国故事

剧本杀可以不分国界，通过故事浸润和沟通引起更多共鸣；剧本杀可以讲述中国故事，成为中国文化的载体；也许有一天，剧本杀还会带领中国文化走向世界。

事实上，除了吸引新玩家，从业者更希望通过剧本杀内容讲好一个个中国故事，折射出不同的人生哲理。也许，这正是越来越多的作家、编剧、游戏策划涌入剧本杀行业的原因。

目前，剧本杀行业内部竞争激烈，大家渴望有新玩家涌入。首先，这需要剧本内容更加偏于大众化，入行门槛更低，打造人人都能参与的剧本杀活动。这也是打造IP剧本的关键所在。毕竟IP剧本本身就自带流量，宣传时相对容易得多，进圈的玩家也会随着组局的增长变得越来越多。

其次，抖音里不乏一些内容优质的作品，这类作品代入感极强，给人非常真实的互动感。它是沉浸式的，让人们不由自主地去模仿，极富"魔性"。这类作品内容本身就很亲切，没有高不可攀的感觉，用"人人皆可为"的理念，让人们一起参与其中尝试用同款模式进行拍照。总之，我们要将剧本体验、用户流量，以及沉淀的过程串联起来，形成完整的闭环，最后做出优质的剧本杀。

最后，人们对真实体验需求提升的同时，技术也要不断地升级与改善。但剧本杀频频出现盗版，发行渠道不够透明化等行业问题逐渐暴露出来。未来，剧本杀的创作内容会向工业化靠近，其发行渠道也趋向数字化。剧本杀行业也有待通过大数据，像统计电影票房那样统计剧本票房，以确保数据的真实性。目前，也有很多剧本杀馆开始利用数字技术提升剧本体验服务，例如AT投影、环幕房间等。如图6-3所示。

图6-3 剧本杀环幕房间

在剧本杀类综艺节目《明星大侦探》中，节目组就曾构想过玩家通过VR技术进入虚拟世界，和在真实世界的同伴通过角色扮演有效地进行破案。

未来，无论剧本杀的形式、环境如何改变，它的精神内核都不会改变——走进不同的世界，成为不同的自己。相信未来我国剧本杀市场中会出现更多会讲中国故事的创作者，而元宇宙也会将更多中国故事推送至全世界。

6.3　当电影对接元宇宙：形成观看→参与→创造闭环

通过剧本杀市场的火爆，我们不难看出，随着科技发展，叙事艺术与内容的载体不断地迭代，用户对内容质量的追求更趋于高互动性、高真实感。因此，影视剧等内容产品也要与互联网同步进行不断地融合创新。元宇宙中强调的"游戏"性正是基于用户需求的考量，它很可能成为电影内容的下一代载体，让内容拥有更广阔的发展空间，受众与内容相互发展。用户不仅能体验到优质的内容，也可以自己创造内容，最终形成从观看到参与再到创造的商业闭环。

◎ 电影接入元宇宙的方式

在元宇宙中，如果想要将人、物、场景这些元素相融合、相关联，就要在叙述故事的同时融入身份与价值系统。不同场景的内容会为用户带来不一样的情绪体验，从而增强用户的黏性。

第一，电影内容是连接用户的"纽带"。

元宇宙是容纳高品质内容的平台，也是工具平台，新时代的创作者正源源不断地推出一个个新作品来诠释自己的创意。

例如，在罗布乐思公司的游戏社区，韩国热剧《鱿鱼游戏》中的游戏关卡被1∶1完美地复制还原，其中游戏"1、2、3木头人"由于受到广大观众的喜爱而被推送到推荐排行榜的前列，观众去玩游戏，玩家也去追剧，实现了双向奔赴。

未来，在影视资源不断聚集的情况下，平台内容势必出现良莠不齐的现象。要想在影视行业占据一席之地，企业一定要抓住优秀内容，利用"锁定效应""网络效应"和一些"自传播效应"推广自己。元宇宙在线创作平台会吸引更多年轻用户，他们可以独立或者协作完成游戏、影视创作，通过元宇宙沟通交流。极具社交属性、情绪价值的影视作品将会更能引起用户之间的共情。

第二，电影内容是场景交互的元素之一。

《你好，李焕英》《哪吒之魔童降世》《流浪地球》《战狼2》等电影，每一部都吸引了亿万观众到线下电影院观看。横店影视城、北京度假区，分别于2019年和2021年创下了电影票房新高。由此可见，线下经济的吸引力不容小觑。与此同时，也有一些影院、剧本杀馆、密室逃脱、网红景点、购物商场等因为内容模式单一、复购率低、场地重复利用率低而纷纷倒闭。

元宇宙的到来，让线上与线下有了交叉重叠，人们能感受到虚拟世界与现实世界不同时空的拼接。电影IP与虚拟现实（VR）、增强现实（AR）、混合现实（MR）、扩展现实（XR）等技术的结合，衍生出了许多消费场景，例如私人场景、公共场景、半公共/半私人场景。这些消费场景也与以往不同，增加了一些多元信息和叙事逻辑，让用户感受更丰富的沉浸式体验，产生情绪共振。

第三，元宇宙世界的电影更需要高质量、多元化、可延伸的内容产品。

基于元宇宙大量的用户群体和信息所产生的海量内容，能够增强内容产品的长尾效应①和马太效应②。在互联网经济的影响下，专业用户生产内容（PUGC）顺应市场分流发展，以用户需求差异为变量，为他们"量体

---

① 长尾效应，英文名称Long Tail Effect。长尾效应在于数量上，将所有非流行的市场加起来就会形成一个比流行市场还大的市场。

② 马太效应，是一种强者越强、弱者越弱的现象。

裁衣"。专业生产内容（PGC）正在崛起，逐渐引领行业发展，从而使行业号召力增强。用户生产内容（UGC）形式与规模多种多样，电影通常是长视频内容，在未来会被制作成精良的"超长预告片"，集中展现元宇宙中的某个"极致精品"内容，吸引更多用户前往观影。

以往的影视作品通过了市场的考验，经过了主创人员的精心打磨，得到了观众的一致认可就可以直接参与元宇宙。

未来，视频类内容要进行系统规划，在元宇宙中共享物理参数、身份设定、游戏设置等世界观，深耕创作碎片化视频、超长视频、长视频、短视频，对接不同"世界"的接口，让内容创作更加系统化、差异化、协同化。

第四，在元宇宙的世界，电影内容可以作为数字资产。

用户在元宇宙中检索到与某电影相关的信息，具有独特性与稀缺性的内容是不对外公开的，其所有权属于某个完成交易的客户。例如，从未发行的歌曲、海报、创作时的花絮、电影道具等，都可以制作成NFT，被用户收藏或进行交易。

2020年10月10日，王家卫首部电影NFT《花样年华：一刹那》以428.4万港元价格成交。该NFT是1999年电影《花样年华》的未发行片段，内容是梁朝伟和张曼玉拍摄该电影时第一天的场景片段，时长大概1.5分钟。本次拍卖价格也是王家卫个人作品与亚洲电影NFT拍卖的最高价格。

电影艺术数字化、艺术品资产化，会衍生出影视相关内容的产品链。除了成片，创意本身也是一个产品，它拥有独特的价值，同时也可以通过交易变现。

从整体来看，元宇宙还需要很长时间才能走向成熟，其中有些"新基建"问题需要电影行业共同参与找出解决方案：

（1）推动用户主动创作，增强协作。影视成为社交媒介，除了需要硬件设备的升级外，还要让影视创作简单化，需要大量工具包和简易模板，让用户能够像说话、打字一样轻松表达自己的观点，降低科技与艺术门槛。

（2）构建线上内容生产平台。电影内容在线上平台进行再创作，然后直接生成数字资产，进而通过网络发布与交易。电影中的某些内在元素可以直接参与其他内容的创作，也可以直接加入线上或线下场景建设。

（3）保障内容知识产权。基于区块链技术建立完整的闭环版权链，这样电影及其相关内容的版权使用、授权、追踪、交易更加快捷方便。由于中间环节的减少加速了版权的流转，进一步保护了版权价值。

综上所述，持续关注元宇宙发展趋势对电影行业十分重要，除了能够对未来内容产品、场景元素、数据资产、社交媒介等方面的发展进行预判外，还能起到积极规划、布局整体内容创作的关键作用。未来的元宇宙需要影视行业的参与，影视行业需要元宇宙的助力，二者齐头并进，才能共创美丽世界。

6.4　元宇宙推动文旅产业大变革

未来，随着元宇宙基础设施的落地及各项技术的不断发展，线上与线下将彻底融合在一起。届时，虚实融合的元宇宙即将成为人类生存的"第二空间"。

基于此，我国的文旅产业也有望打破时间与空间的限制，形成更有科技感、沉浸感、体验感的"文旅元宇宙"。

例如，在文旅元宇宙中，我们在旅行时可以不必考虑天气的变化、交通是否拥挤、路途是否遥远等因素的影响。足不出户就可以通过"位移"技术环游世界，甚至还能实现一键时光倒转，穿越到大唐感受大唐盛世，领略不同时代、不同地域、不同时空的文化魅力。

近年来，我国高度重视文旅产业的发展。2021年7月9日，中华人民共和国文化和旅游部在《"十四五"文化发展和旅游市场规划》中明确提出实施文化产业数字化发展战略，通过加强数字化建设，推动信息技术应用于文化旅游的各个环节。

其实，无论是虚拟偶像，还是影视产业、旅游产业，都属于文旅产业的一部分。与其他产业相比，文旅产业以其空间大、链条长、带动性强等特点，再加上文化产业本就IP资源丰富，更适合与元宇宙相结合，打开发展的思路。

◎ 元宇宙"沉浸实景"打开文旅产业发展新思路

虽然目前元宇宙还处在初级构想与布局阶段，众多技术难题尚未破解，但元宇宙为文旅产业带来的机遇及未来前景值得我们关注。

此外，随着元宇宙的深度发展，文旅产业的模式和业态可能将被重塑。在元宇宙中，人依然是最重要的主题。只不过，现实空间与虚拟空间的融合能够让人们以其他方式模拟并感知未曾去过、体验过的世界。数字技术也会加速文旅产业的升级转型，逐渐形成元宇宙+文旅的新型产业形态。

2021年1月，广东省肇庆市四会市人民政府与嘉宏集团、岭南控股签订了一则名为"南粤禅玉文化旅游度假区项目"的文旅发展战略投资框架协议，将共同打造"沉浸式实景RPG小镇+科幻谷"。

其实，文旅项目通常是在一个宏大世界观架构的支撑下展开策划，无论是科幻谷主题公园还是RPG小镇，它的剧情和故事线的创作深受游戏、影视、小说的影响，完整的运行逻辑十分重要。

例如，如果主题公园内的场景能够与元宇宙中的虚拟身份相结合，打造一个全新的游乐体系，那么对于看惯了实物风景的游客而言，显然虚实结合的游乐场更加生动有趣。

在移动互联网时代，人们对社交的新需求也是促进实景沉浸文旅项目更受游客喜爱的原因之一。具体来说，主题场景在剧情的引领下加深了与游客的社交链接，这有点儿类似剧本杀的模式，即在实体空间用故事主线引导游客参观，增加线下的沉浸感，与此同时，通过移动终端和虚拟技术搭建一个同步的虚拟世界，开放第三方内容接口，将现实世界与虚拟世界链接在一起。这种空间形态对游客而言不再是单纯观光。游客在故事线的指引下进入主体场景，认真扮演自己的角色，与其他玩家合作获取线索，完全沉浸其中。这在某种程度上缓解了社交恐惧人群的焦躁。

在此基础上，线下文旅也朝着打造一种极具游戏感、沉浸感的实景载体方向转变。从环球影城的"返校巫师"到迪士尼的"在逃公主"，游客之所以热爱主题公园，正是因为当沉浸在某个场景时，会自发产生身份带入的诉求。主题公园通过对沉浸式实景的体验优化设计，让消费者本能地调动自身的主动性，在完成如空间漫步游戏任务的同时，也可以感受更多维度的沉浸式体验。可见，在主题公园对园区沉浸体验系统优化的同时，如何实现消费者自我带入也是未来主题公园策划及其他文旅产业项目策划的重要课题。

如今，元宇宙还处于发展的早期，不管是在技术架构方面，还是在基础设施方面，都与构建完美的元宇宙空间相距甚远。但互联网经济、数字科技的发展势态猛烈，让人们对元宇宙的发展充满了无限遐想。当下，文旅产业的行业从业者仍需继续积极探索和挖掘其他新业态、新模式，才能在未来虚实相生的元宇宙中打开更广阔的探索空间。

第 7 章

XR 扩展现实
（VR/AR/MR）+ 游戏变现：
通往元宇宙的最佳领域

元宇宙中的"沉浸感"体验主要源于 XR 扩展现实（VR/AR/MR）技术的支持。这三种新兴数字化技术从 2016 年开始大量应用于 VR/AR 设备的生产。随着技术的成熟，Facebook、微软、三星等企业纷纷入局，生产发布相关硬件产品；5G 时代到来，基于 VR/AR 创建的商业场景又一次兴起，行业市场形势持续回温；2020 年疫情之下用户居家对 VR/AR 游戏的需求激增，VR/AR 行业产业链发展开始呈逐步上升趋势。

纵观 XR 扩展现实产业的发展可谓跌宕起伏，庆幸的是，它熬过了低谷期。它不可估量的发展趋势，对未来的元宇宙世界来说将是一项巨大的挑战。

7.1 XR：链接元宇宙的关键接口

2016年，业界将这一年称为"VR/AR产业元年"，多家企业开始进入VR/AR领域，想在此领域大展身手。然而事与愿违，迫于技术不成熟、商业化落地难等现实问题，它们无奈踩下急刹车，转向其他赛道，很长一段时间里，VR/AR市场惨淡。

2021年，久未现世的XR，在富有前瞻性的元宇宙概念热潮推动下重新获得了各行各业的重视，并进入持久的复苏期。

至今，全世界依然没有能给元宇宙下一个准确的定义，即使是元宇宙概念的提出者扎克伯格也不例外。无论元宇宙的定义是什么，它的核心始终是基于XR技术及设备的持续迭代来满足用户对数字化生活体验的不同需求。

历史上各个朝代的兴衰是一种常态，XR产业也同样经历了资本的狂热期和冷冻的冰封期。进入2021年以后，XR产业真正迎来了行业春天，出货量预计可超越扎克伯格曾预测的数额："1000万台"，市场前景不可估量，即将进入行业发展的拐点。

高通技术公司XR业务总经理司宏国表示，元宇宙和XR有着非常紧密的关系，人们可以在虚拟世界里建立自己的化身，体验与物理世界平行时空的学习、生活和娱乐等。那么，具体来说XR是什么？

◎ 什么是XR？

XR是扩展现实技术的简称，它涵盖了三个技术，包括VR、AR、MR，通过计算机打造虚拟世界与现实世界相融合的沉浸式体验环境。构成XR的生态链很复杂。从纵向来看，以AR为例，要从底层芯片到研发平台，再到工具链和应用平台，最后通过AR硬件到用户的终端。

1. VR

VR也可称为虚拟现实，就是早期的灵境技术。它通过三维技术、交互技术和VR交互设备，使用户进入三维空间的虚拟环境中，实现人机交互。VR交互设备包括VR头显及手柄、手套、外接动作捕捉器等。戴上交互设备后，用户就可以在VR应用场景中通过手指、手臂、肢体等动作来进行互动体验。

2. AR

AR一般指的是增强现实技术，可在手机AR、AR眼镜等的支持下让用户体验虚拟世界与现实世界内容补充和叠加后的增强效果。例如，手机AR就是用手机摄像头将拍下的现实图片与虚拟三维模型相融合，就可以在手机屏幕上呈现三维立体效果，似乎为现实世界添加了新物品，或给现实世界的物品增添了特殊的效果。

3. MR

MR也是通过头显等设备使用户感受虚拟三维事物和现实场景交融的交互体验，与AR眼镜技术的应用大同小异。

总体来说，XR技术和设备就是让用户在虚实融合的三维场景或虚拟三维场景中的人和物进行交互的沉浸式体验。这种沉浸式体验能够让人类对事物有更美好的理解和认知。XR技术不仅在商业领域应用广泛，而且也带动了数字经济、数字孪生等一系列产业蓬勃发展。

元宇宙和XR站在生态链的两端，元宇宙是XR的内容世界，XR是元宇宙与现实世界链接的接口，二者共同构成了的一条虚拟融合生态体系链。要想这条生态体系链更完整，还需要其他技术的支持。XR是否最早进入元宇宙的数字技术尚无定论，但未来它有可能成为在元宇宙中应用率最高的技术或设备硬件。在元宇宙时代，XR就是进入元宇宙大门的门票，谁先拿到这张门票，谁就最有可能率先看到平行时空的另一个世界。

7.2　元宇宙 +XR 场景化发展，巨头跑步入局

戴上VR眼镜体验与长颈鹿一起走在非洲、虚拟主播在直播间与粉丝互动、维也纳金色大厅被音乐家在场景中真实还原……一桩桩、一幕幕虚拟与现实融合的动人场景，背后是XR技术与5G、大数据、人工智能的共同支撑。

正如乔布斯在iPhone"出生"时，将多点触控屏、高像素摄像头、iOS等多个单独技术串联在一起，并比喻为"项链"。如今的我们又将迎接元宇宙的"iPhone时刻"，区块链、云计算、XR/VR/AR、虚拟引擎、数字孪生等数字技术正在串联聚合，将成为开启元宇宙与现实世界大门的钥匙，无数个巨头公司争相入局带领人们进入下一个元宇宙的黄金十年。

◎ 元宇宙+XR场景落地，小米投资当红齐天

前文提到字节跳动斥资90亿元收购VR软件与硬件研发制造商Pico。作为互联网巨头企业之一的小米也同样不惜以数亿元投资我国XR大厂当红

齐天。

这家名叫当红齐天的企业是2015年成立的致力于打造XR内容制作、数字运营整体解决方案、载具研发等的XR国内头部企业。起初是知名导演张艺谋入股了该公司，此后包括小米在内的多家企业相继成为该公司的大股东，如图7-1所示。不禁引发同行猜想，当红齐天为何如此"受宠"？让我们一起来揭开谜底。

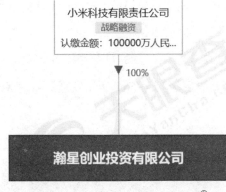

图7-1 小米投资元宇宙科技公司[①]

当红齐天集团的主要业务包括XR+乐园、XR+科技秀、XR+博物馆、XR+电竞、XR+直播等。相关数据显示，当红齐天目前申请关于运动平台、投影系统、虚拟现实等技术的专利已达30多件。虽然近几年专利的增长率并不高，但是该公司的非外观专利研发持续上升，正在扩展VR内容创新技术的优势，例如VR交互系统、大空间定位技术、VR载具、5G云渲染、AI+、先进传感器技术等新型数字化技术，以形成内部和外部技术强强合作的公司壁垒。

其实，国内各家大厂纷纷入股当红齐天不足为奇。因为无论从技术方面的布局看，还是从专利申请的增长看，该公司都展现了具有前瞻性的谋略。当红齐天在官网上也说，大厂若想抢夺元宇宙的船票，不仅要不断研

---

① 图片来源：天眼查截图。

发元宇宙概念的新产品，也要将目光锁定XR领域的高端企业。

小米是物联网（IoT）的领先企业，业务几乎覆盖了各个类别的家庭智能产品，这就需要XR技术链接虚拟世界与现实世界，收集数字智能产品的相关数据并转化为对应的信息为用户提供数字化体验。就像当红齐天在官网上所说，"XR作为下一代移动计算平台，更强的交互性势必会带来下一代'屏幕'，对小米来说是绝对不容错过的巨大流量终端。"

张艺谋在投资当红齐天后也曾认为："VR将会成为下一个十年最主要的一项新技术，会改变我们的生活。"

就连蓝色光标也在2021年11月25日与当红齐天及旗下子公司齐乐无穷签订合作协议，双方将要持续推进XR产业发展，加速XR生态布局，如图7-2所示。

图7-2　当红齐天官方发布关于与蓝色光标签订合作协议的新闻

可见，当红齐天在短短几年中通过持续深耕XR产业，从而在攻克复杂技术和改善用户体验方面取得了显著的成就。或许，这就是小米投资当红齐天的意义，它看中的是当红齐天在XR及其应用领域的价值，希望借此投资跻身元宇宙时代的领军者。

众多巨头企业你争我赶地进入XR领域，正在打破前些年XR市场惨淡的僵局。XR产业或将在各大公司的强强联手下，快速驶入构建元宇宙的主赛道，而XR的更多价值也将逐步被挖掘、被看见、被认可。

7.3　起底腾讯在游戏领域的布局

游戏是元宇宙最具代表性的领域之一，毫不夸张地说，谁在元宇宙中占有的游戏版块大，谁就能够撑起构建元宇宙的半边天。腾讯有庞大的游戏数量、游戏种类、用户人群等优势，元宇宙布局是当之无愧的佼佼者。

除腾讯外，前提及的Roblox、代码乾坤等头顶元宇宙头衔的企业更是对此领域趋之若鹜。正如腾讯创始人马化腾在2021年公司的年刊《三观》中的描述："虚拟世界和真实世界的大门已经打开，无论是从虚到实，还是由实入虚，都在致力于帮助用户实现更真实的体验。"

◎ 腾讯控股：布局多元化且完整的游戏产业链

自2021年9月以来，腾讯在元宇宙游戏领域的布局从未停止过。它不仅倾力投资专注于元宇宙概念的游戏公司及相关项目，还申请注册了"腾讯音乐元宇宙""王者元宇宙""和平精英元宇宙"等上百个带有元宇宙的商标。

种种动作都表明，腾讯在元宇宙游戏中的扩建应当是准备已久的事情。元宇宙、云游戏及更多数字化技术已然是趋势，也是为用户创建沉浸感体验的主要渠道。腾讯作为众多互联网游戏企业中具有优势的领军者，现已投资了三个最接近元宇宙的游戏公司，如热门游戏Roblox等。2020年，在Roblox的G轮融资中，腾讯是投资者之一。

在2021腾讯游戏年度发布会上，腾讯公开发布了2021年度对游戏产业的规划，见表7-1、表7-2、表7-3。由表7-1、表7-2、表7-3我们可以看出腾讯游戏几乎覆盖了所有当前最热门的几大分类板块，而这些围绕元宇宙概念的各类游戏布局也将成为日后构建元宇宙游戏的底层基建。

表7-1 腾讯游戏2021年游戏规划（一）[①]

分类	名称	类型	发布时间
	光与夜之恋	增加新角色	
	俄罗斯方块环游记	正版IP，赠设数百关卡	2021年暑假
	艾兰岛手游	3D 盲盒	
	无序次元	像素风格Roguelike	
	精灵之镜	治愈系庭箱装扮手游	
	修普诺斯	赛博朋克题材探索解谜	
	谍：惊蛰	谍战题材文字剧情类游戏	
	拣爱	以日式AVG选择玩法为核心	
次元穿梭	Project:Fighter	横版动作手游	
	玄中记	东方玄幻 MMORPG 手游	2021.5
	我叫 MTS	开放"开荒者共创计划"	
	一拳超人正义执行	集英社方正版授权，3D动作手游	预约
	数码宝贝：新世纪	正版 IP，卡牌 RPG	预约
	西行记 燃魂	动漫《西行记》正版授权，3D动作	2021年暑期
	火影忍者手游	五周年	
	庆余年手游	新IP	2021.9
	妄想山海	新版本	2021年暑期
文创	王省荣耀	"IP 共创计划"	
	乱世王者	五大游戏内容更新	
	天涯明月刀手游	发布 2021 年数字文创计划	
	腾讯棋牌	欢乐斗地主与欢乐麻将	
	QQ飞车	2021 年版本新计划与新合作	
	QQ炫舞	"东方星世界计划"	
	大航海时代：海上霸主	以《大航海时代4》为基础	预约

资料来源：2021年腾讯游戏年度发布会 前瞻产业研究院整理

---

① 数据来源：前瞻产业研究院。

表7-2　腾讯游戏2021年游戏规划（二）

分类	名称	类型	发布时间
	荣耀新三国	对抗策略手游	
	延禧攻略之凤凰于飞	电视剧正版 IP 授权，古风养成手游	
	新信长之野望	策略模拟手游	预约
	新天龙八部手游	次世代引擎 PBR 美术	预约
	风起三国	3D 卡牌	2021.5
技术探索	START 云游戏	《胡闹厨房》亮相，现已支持多款单主机大作	
	北极光：技术升级	《天涯明月刀》实现影视级的材质光照模型等	
	腾讯先游	跨越多端互通畅玩，发布超级手柄	
	CODE:HUA	光子工作室，以虚幻4为载体，进行多项技术升级	
	数字宇航员	与新华社联合打造，对中国航天进行新闻报道	

资料来源：2021年腾讯游戏年度发布会 前瞻产业研究院整理

表7-3　腾讯游戏2021年游戏规划（三）

分类	名称	类型	发布时间
	巴普洛夫很忙	大脑认知训练	
	雁丘陵	传统工笔画	
	小鹅科学馆	科普类	
社会服务	健康保卫战	科普类	
	罗布乐思	沙盒游戏	
	腾讯扣叮	游戏化编程学习App	
	手工星球	"长城保护计划"	2021.12
	TGC腾讯数字文创节	"超级数字场景"	
高能热血	和平精英	哥斯拉联动	
	流放之路	4.0 资料片更新	预约
	重返帝国	即时操作战略手游	

续表

分类	名称	类型	发布时间
高能热血	重生边缘	轻科幻PvPvE 战术射击	预约
	全民大灌篮	3V3篮球竞技	
	传奇天下	传奇类手游	
	穿越火线	CF 端手游竞技升级	2021.6
	真·三国无双 霸	光荣正版IP	2021年暑期
	合金弹头：觉醒	2D射击游戏，SNK授权	2021.6测试
	英雄联盟手游	MOBA手游	
休闲解压	我们的星球	太空探索沙盒	预约
	牧场物语手游	IP 正版授权，虚拟经营	
	璀璨星途	养成类游戏	
	神角技巧	日式沙盒 RPG 手游	2021年暑期测试
	指尖领主	消策略手游，融合消除、养成、解谜	2021年
	洛克王国手游	页游IP	
	天天爱消除	联动"蜡笔小新"IP	
	比特大爆炸	高自由度飞行射击	2021.6.10

资料来源：2021年腾讯游戏年度发布会 前瞻产业研究院整理

　　说到这里，不得不提到腾讯的一个特设部门——腾讯游戏学堂，令人意想不到的是，当初这个不以盈利为目的的特设部门，如今最有可能成为腾讯日后继续布局元宇宙的"最佳推手"。

　　从本质上讲，腾讯游戏学堂建立的目的：一是"以人才发展促进业务发展，人才成长推动业务成长"；二是通过游戏为用户创造不一样的体验。腾讯游戏学堂若想持续为腾讯的"游戏元宇宙"输出价值，仍需要长久投入与建设，不断积累复合型创新人才。

　　当然，无论是未来的商业投资，还是庞大的社交网络，腾讯都占据着游戏领域的主导地位。从某种程度上说，未来腾讯甚至有可能会超越Meta

成为元宇宙中的"游戏+社交大佬"。

不过，元宇宙是互联网时代的继任者，它所覆盖的人群和市场非常广泛，就像一个新开辟的大陆，正等待无数企业去探索和挖掘。所以，究竟谁才是元宇宙最后的胜利者还未可知，而最终的胜利者，也许并不只有一个。

7.4　XR 未来产业链图景

早在几年前，扎克伯格就曾对XR产业发展进行了预测。在他看来，当XR产品的用户活跃度上升至1000万时，该领域的市场走势将进入前所未有的发展阶段。按照这个预测，从IDC：德勤研究与分析的最新数据报告来看，2022年之后，XR产业将有望迎来新的拐点，真正进入繁荣发展期，如图7–3、图7–4所示。

资料来源：IDC；德勤研究与分析

图7–3　全球VR设备出货量及预测（2016–2022E）[1]

---

① 数据来源：IDC：德勤研究与分析。

资料来源：IDC；德勤研究与分析

图7-4　全球AR设备出货量及预测（2016-2022E）

◎ 融资回暖，XR产业或将迎来"第二春"

其实，从市场复苏期进入发展期，XR产业就发生了翻天覆地的变化。从生态体系构成上来看，XR已逐渐生成了一条完整生态产业链，包括拥有像苹果、小米、腾讯等巨头公司基础的计算平台、主要生产芯片、传感器等核心器件、终端设备、感知交互等的独立设备厂商，以及由C端各大影视平台、社交平台、游戏公司和B端广告公司、教育机构、医疗机构等构成的内容应用厂商；从基础设施的供应来看，在生态链的终端还具有海量的消费者、企业用户，以及提供AI技术、云服务、5G网络产品或解决方案的生态合作伙伴，例如云服务供应商、网络服务供应商等，共同推动了整个生态产业链的良性发展。

现在的XR产业生态已不再是硬件厂商、应用开发商等少数公司单方面求生存的发展阶段，而是在经历早期的技术研发与突破、轻量化硬件生产、资本入场等一系列市场的洗礼后，逐渐成长为多方合作，共同努力建设的发展模式，加速融合创新，以此促进了生态环境的蓬勃发展，如图

7-5所示。

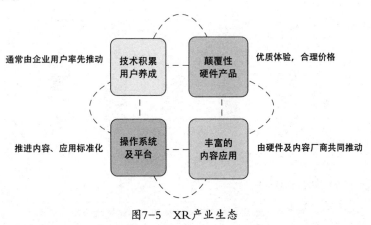

图7-5　XR产业生态

除上述因素外，产业的发展也离不开市场融资的支撑。2018年到2021年是XR行业走出低谷期步入复苏期的重要阶段。随着各个企业对XR领域融资的持续回暖，XR行业终于在2021年迎来了"第二春"，如图7-6、图7-7所示。例如，爱奇艺在VR领域融资了上亿元人民币；理湃光晶在A轮融资中获得数千万元人民币。

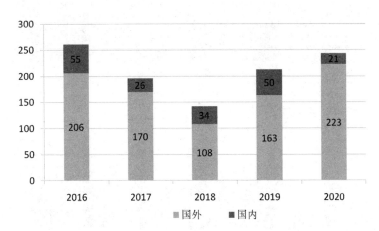

资料来源：VR陀螺；德勤研究与分析

图7-6　全球XR融资并购规模（2016–2020年）

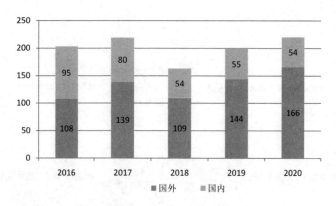

资料来源：VR陀螺；德勤研究与分析

图7-7　全球XR融资并购数量（2016-2020年）

在投资方面，全球资本主要在两大产业链上下"功夫"：一是包括AR眼镜和光学器件在内的硬件方面，二是集中于教育培训、医疗诊断及解决方案的应用领域，如图7-8所示。

全球VR/AR产业链各环节融资并购金额

全球VR/AR产业链各环节融资并购数量

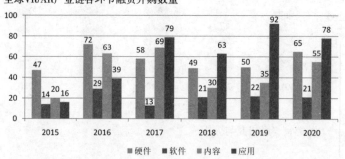

图7-8　全球VR/AR产业链各环节融资并购金额及数量

　　XR产业链像一颗正在成长期的大树，主要有四大主干，包括硬件、软件、内容和应用，每条主干上又有多个分支，如图7-9所示。整个产业链的各个分支相互贯通，一起协同成长打造了繁荣发展的XR生态体系。

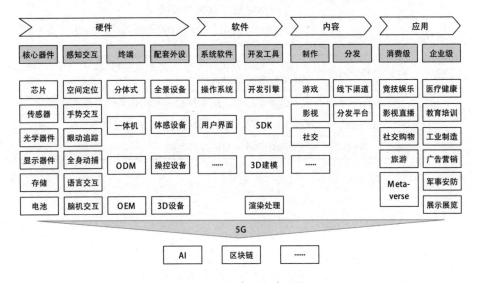

图7-9　XR产业全产业链

　　XR产业是数字经济的助燃剂，也是企业创收的有力武器。未来，在XR的引领推动下，很多产业资本势必将涌入赛道，积极抓住元宇宙领域中硬件、软件、内容和应用等各个方面产业链的投资机会。越来越多的巨头企业、独角兽企业将在XR助力下实现在全球范围的快速成长。XR细分领域领先公司示例见表7-4。

表7-4　XR细分领域领先公司示例

企业类型	企业名称	主营业务
技术	Tobii Technology	瑞典公司，领先的眼动追踪与眼动控制技术提供商
	CREAL	瑞士公司，专注于AR/VR领域的光场显示技术开发商
	Ultraleap	Ultrahaptics和Leap Motion2019年合并的公司，专注于手势交互技术开发

续表

企业类型	企业名称	主营业务
硬件	Nreal	中国公司，MR智能眼镜开发商
	Mira	美国公司，AR眼镜厂商，为日本环球影城任天堂AR卡丁车项目AR股镜的供应商
软件	Unity3D	美国上市公司，游戏引擎开发商，Unity3D支持主流ARVR设备的实时内容开发平台
应用	Vection	澳大利亚公司，专注于为工业4.0带来3D、AR、VR解决方案的实时软件公司
	Librestream	加拿大公司，企业移动视频协作解决方案提供商
	Augmedics	美国公司，AR手术可视化系统的开发商
	Poplar	英国公司，AR内容厂商

第 8 章

区块链、数字资产变现：

重新定义企业数字创新

如果说 NFT 是元宇宙的经济载体，那么区块链就是推动元宇宙发展的关键技术，更是链接现实与虚拟世界的桥梁。在元宇宙世界中搭建经济系统，需要区块链技术建立公信力。这让区块链企业跃跃欲试，都想抓住这一利好机会。

但是，企业如果想在未来通过智能合约打造全新的经济系统，就要先打破原有的身份区隔，保障元宇宙价值归属和流转，进而保障经济体系高效稳定地发展，实现规则与执行透明可视化，从而为企业和个人的数字资产顺利变现保驾护航。

8.1 什么是区块链?

从工业革命时代到信息技术革命时代，再到如今的数字革命时代，每个时代都有其技术。区块链就是数字革命时代的技术，有了区块链技术，才能真正实现数字革命。

"虚幻引擎之父"Tim Sweeney是Epic Games的创始人，他认为，元宇宙比任何其他东西都强大，如果某个公司控制了这点，它就会无比强大。元宇宙可以防止中心化平台垄断，而区块链则为其提供价值传递和解决方案过程中的重要技术支持。因此，区块链技术与元宇宙发展休戚相关，是元宇宙发展进程的关键环节。

如此重要的区块链缘何而起?

这要追溯到2008年11月1日，一个自称"中本聪"的人在网上发布了关于比特币的白皮书，详尽地阐述了当下的电子现金系统理念。2009年1月3日，第一个创世区块问世，几小时后另一个区块诞生并同创世区块形成有效链接，如此便形成了最早期的区块链。

◎ 区块链是元宇宙的重要技术支撑

区块链是人类科学史上的伟大发明，其本质是一个分布式的数据库，能够分布式记录和存储数据信息。它是一种把区块以链的方式组合在一起的数据结构，可以去中心化存储分布信息。

区块链技术形成的数据库在密码学手段的加持下，具有按记录时间先后、不可篡改、可信度强的特点。区块是利用密码学的方法产生的数据块。数据用电子记录的形式被永久储存，存放这些电子记录的文件就是区块。每个区块都记录了包括区块大小、数据区块头部信息、交易数、交易详情和神奇数这几项内容。

区块链通过以下两种方式来保证数据存储的完整性和严谨性。

第一，每一个区块的交易都是上一个区块形成之后产生的，该区块被创建前的所有具有价值的交换活动都被保留，这就保证了数据库的完整性。

第二，通常新的区块完成后被加入区块链，此区块的数据信息和记录不能改变或删除，这就保证了数据库无法篡改的严谨性。

区块链的结构特点是把各个区块之间的头部信息链接起来，头部信息会记录上一个区块的哈希值[①]和本区块的哈希值，本区块的哈希值又被记录在新的区块上，完成区块链的信息链接。

同时，因为区块链上有时间戳，所以区块时序性强。时间越久的区块后面链接的区块越多，要想修改区块就会付出更大的代价。因为区块采取了密码协议，所以节点之间无须完全信任，允许计算机节点的网络共享分布式账本。

区块链的六大特征让区块链技术能够支撑元宇宙的发展。这六大特征分别是去中心化、自治性、匿名性、可编程、可追溯和开放性。在元宇宙概念下，很多区块链底层技术平台正在飞速发展，其中包括以太坊、比特股区块链、EOS、NEO平台、R3平台、Ripple区块链等。

晦涩难懂的专业技术术语总是令人难以理解，我们可以从应用角度

---

① 哈希值，又称散列函数，是一种从任何一种数据中创建小的数字"指纹"的方法。

来看。例如，A同学今天上学表现非常好，老师决定给他一朵红花以示奖励，但记录红花的账本如果由老师保管，这种管理就是中心化。老师有可能由于忙碌忘了记录红花，那么记录本上就没有A同学进步的记录了。但是如果在班级内共享一个红花记录本，只要有小朋友表现优秀就可以在上面记录红花，其他小朋友也可以帮助优秀的小朋友一起记录。这就是区块链的去中心化管理模式。区块链作为一个共享账本的数据库，我们也可以说它具有去中心化、全程留痕、不可篡改、公开透明、集体维护、可追溯的特征。

◎ 区块链与数字资产

数字资产是区块链领域常被提及的一个重要应用。亘古以来，物物交换在人类发展史上地位显著。元宇宙复刻物理世界的生产、生活方式时也需要一种安全、可追踪、透明的支付方式，这样才能从本质上保证用户的自由。区块链的一大优势就是不可篡改又安全可靠，这就满足了元宇宙中数字资产的要求，即时交易的可信度就会大大增强。

如今，资产数字化和数字资产化符合数字化建设的发展方向。近年来，BAT三巨头在互联网数字化领域飞速发展，美团也开始资产流通、共享经济。最好的资产流通方法就是把资产数字化，即把实体资产通过智能数字化的方式进行资源共享，这也符合共享经济的本质。

我国是第一个将法定货币数字化的国家，数字人民币也就是法定数字货币。数字货币也是我们的资产，它是资产的一种表现形式，其优势在于没有假币；节约了纸币的印刷成本；流通、支付更加便捷，只要一部手机就可以实现买卖操作。

区块链和资产的结合，是最引人注目的社会实验。无论是资产数字化还是数字资产化，都恰到好处地展现了区块链为数字资产的发行、保管、交易、创设、使用等提供了新思路。与传统资产相比，区块链资产因其透明可信度高、可编程加密安全、交易的时间和成本低、管理流程简化等优势备受企业青睐。

总之，既然元宇宙要打造一个虚拟世界，有一天所有人都要参与其中，那么我们就必须解决"如何让所有人信任这个世界"的问题，而区块链便是最好的解决之道。尽管我们也希望未来人与人之间可以不基于任何"外力"作用，而是基于人类真善美的本性去信任彼此。

8.2　区块链在元宇宙中的重要角色

在国内的各种应用场景中，无论是普惠金融还是视频溯源，都是用技术的方式建立信任的。在元宇宙中是用什么方式建立信任的呢？

◎ 区块链是元宇宙发展的"信任机器"

在元宇宙中要想拥有真正的沉浸式体验，最基本的就是要保障虚拟世界中的数据是安全可靠的。区块链就像一台信任机器，这和《经济学人》[①]中的观点不谋而合。这台信任机器为了发挥它在元宇宙中存证溯源、防止篡改的作用，还扮演着以下两个角色。

---

①　《经济学人》是由英国经济学人集团出版的杂志，创办于1843年9月，创办人詹姆士·威尔逊。杂志的大多数文章写得机智、幽默、有力度、严肃又不失诙谐，并且注重用最小的篇幅告诉读者最多的信息，是全球阅读量最大的时政杂志之一。

角色 1. 守护者

守护者具体而言是元宇宙用户主权的守护者。常有人提到数字性死亡，什么是数字性死亡呢？以腾讯为例，如果腾讯关闭了你的微信账号，那么你很可能因此与99%的人失联，你就相当于"数字性死亡"了。在元宇宙中一切都是数字社会关系，一旦发生数字化断层，"死亡"就来临了。由此可见，在元宇宙中"死亡"又有了新的含义。

元宇宙是需要大量数据和容量的虚拟3D环境，如果用中央服务器控制会产生大量成本，而用区块链不仅可以减少集中管理，减轻负担，还能保证个人信息安全，防止外部攻击；即使信息被篡改，也能通过原路径清晰追踪和管理。同时，区块链还能防止一些大型科技公司进行垄断操作。

角色 2. 身份认证官

身份认证官就是区块链为元宇宙提供身份标识。一份文件被复制粘贴后，不做标记，我们很难区分哪个是复制品，但是用区块链就可以区分。我们在元宇宙中，除了借助传统身份认证体系进行身份认证，未来极有可能接入区块链的身份认证体系，这代表着即使不用传统意义的身份认证，也能保证我们的身份不会被盗用或复制。区块链与生俱来的可溯源和防篡改属性让它本身就防复制——除了身份防复制，还包括资产防复制，正如已经诞生10年的比特币网络因此从来没有被黑客攻击过。

我们理顺了区块链在元宇宙中的重要角色，才能真正将区块链的发展融入未来元宇宙建设的每个阶段。也只有当区块链技术成熟到足以支撑元宇宙不断进化时，人们才更愿意相信元宇宙不再是一个被资本吹出来的泡沫。

又或许，元宇宙正在重新定义区块链，而未来某一天，区块链也将重新定义元宇宙。

8.3 重新定义企业数字化创新

新一代企业在人工智能、数字孪生和数据的广泛应用下迅速崛起。许多企业开始积极构建智能化数字孪生，并想通过技术的组合应用，创造与现实世界的供应链、产品周期、工厂一致的数字镜像模型。这种仿真镜像模型可以让企业不再担心风险，在数字环境中自由畅想，大胆创新。

下面这些企业样本或许能为后来者揭示在元宇宙中，我们该如何定义企业数字化创新。

◎ 企业数字化创新样本

样本1.腾讯——重建一个"数字孪生体"

现在是合作共赢的大时代，一个产业互联网不可能由一家企业单独完成。腾讯对自己有清晰的定位——City Base（智慧城市底层平台）。目前，腾讯已经和飞渡科技、大象云、地厚云图、东华软件等行业领头者达成合作共识，相信未来还会有更多的专业伙伴加入数字孪生城市建设，共同打造应用共建、数据共生的产业互联网平台。

我国智慧城市经过多年的发展，逐渐从垂直服务为主导转变为以整体数字空间为载体的新型智慧城市建设。为推进技术落地，很多省市也出台了相关政策，大力支持创建数字孪生体。

2021年5月，腾讯宣布预计在未来5年内投入5000亿元布局网络基建。腾讯云会进一步以新基建为中心，重点投入新型智慧城市建设，为数字孪生城市发展添砖加瓦。

2021年6月22日，腾讯云数字孪生城市峰会正式召开，确定以CityBase为抓手，助力智慧城市快速落地。腾讯云正式推出联网平台CityBase，未来，在BIM（建筑信息模型）与GIS（地理信息系统）、CIM（城市信息模型）加持下，CityBase将干涉雷达数据、激光点云数据、卫星遥感数据等空间数据，使其相互融合，构建出动静结合的数字孪生城市，为建设智慧城市过程中的人、物和空间数据提供互通渠道，加速更多应用场景落地。

样本2. 通用电气——引入数字孪生技术

几十年来，通用电气公司（以下简称GE公司）为了能够精准预测可能发生故障的时间，收集了大量资产设备（如航空发动机）的数据，但始终无法确定事故发生的原因。为了彻底解决问题，近几年GE公司特别注重使用数字孪生技术的应用，并且推出了世界首个专为工业数据分析和开发的云服务平台Predix。这个平台和工业设备相连，获取数据后将数据分析和设备模型相结合，提供信息反馈、实时服务等技术支持。

在航空发动机领域，GE公司也启用了数字孪生技术。毕竟，如果从概念设计阶段就开始建立航空发动机数字孪生体，更容易把设计过程中的运行数据和结构模型有机结合在一起，从而缩短设计周期，优化设计，这也为后来者开辟了新思路。

样本3. 顺丰科技——深耕区块链在供应链领域的创新

2021年，在中国区块链百强企业名录中，顺丰科技赫然在列，这得益于该企业在商业、技术、产品、团队等多方面对区块链的综合应用创新。目前，顺丰科技已经在隐私保护、智能合约、联盟管理三个方面形成了颇具实力的区块链创新技术，实现了相关产品在供应链存证、供应链金融、供应链溯源等领域的落地应用。

在供应链存证领域，顺丰科技打造了科技落地产品"丰证"，该产品主要将区块链技术与电子签章、加密解密、签名验证、时间戳等技术结合，提升了电子证据的合法、安全与真实性。在供应链溯源领域，顺丰科技打造了"丰溯"产品，联合第三方质检机构和政府相关部门共同建立产品数据联盟链，深挖产品窜货痛点，保证数据安全可溯源，提升消费者对产品的信任度。

通过元宇宙概念，我们越来越深刻地感受到了区块链技术在建构新生态上的强大能力。其实，未来企业无论在什么时间、空间，都不能脱离区块链技术去谈数字化创新。否则，企业即便取得了再多的技术专利，也仅是各自独立的状态。至少目前我们很难想象，企业在一座技术孤岛上，能有多大的力量去撑起元宇宙的整片星空。

8.4　区块链产业发展现状与未来隐患

进入数字经济时代，区块链继续深入发展，无论是在监管政策上，还是产品应用上均有很大的突破。准确掌握区块链的发展趋势，对各行各业来说都是非常重要的。

◎ 区块链产业现状及未来发展趋势

纵观整个世界的区块链市场发展形势，就目前来看，新兴领域赛道持续升温，区块链产业跨步式增长。

1. 多国将区块链纳入发展战略

近年来，在数字经济发展的推动下，很多国家开始重视区块链产业，并逐渐将其发展上升至国家战略层面，出台了一系列政策支持和鼓励区块链技术创新与产业发展。

在国内，2021年3月，《中华人民共和国国民经济和社会发展第十四个五年规划和2035年远景目标纲要》发布，明确提出加快推动区块链技术创新，推进数字产业化发展，打造数字经济新优势。

在国外，包括美国、德国、新加坡在内的多个国家接连发布了关于区块链发展的相关政策。例如，2020年10月，美国政府在颁布的"国家关键技术和新兴技术战略"中明确表明，要将区块链纳入管制技术，用来保护国家基础设施安全；德国联邦政府也在2019年发布了区块链"德国区块链战略"，提出未来要将区块链作为促进国家经济发展的主要产业，将更重视这一领域的发展趋势。

2. 各行业用于区块链建设的支出开始大规模增长，银行业尤甚

由于区块链及其相关技术在提升业务运营效率和创造商业价值方面具有巨大的发展空间，各行各业都在积极谋划，要将这些技术投入企业现有的基础设施建设中去。根据Statista[①]数据，全球关于区块链解决方案的支出仅在2021年一年就已经超过了60亿美元。按照此种趋势来看，未来几年这项支出还会持续增长，预计2024年将达到200亿美元。

知名会计师事务所德勤发布的最新调查报告《2021年全球区块链调查：数字资产新时代》显示，在所有产业中，银行业在区块链应用方面遥遥领先，而电信、医疗保健和生命科学、媒体和娱乐、制造业、零售和消费品紧随其后。其中，零售和消费品行业增长速度持续攀升，预计到2024年将会成为发展最快的行业。

3. NFT、加密货币等数字资产赛道火热

2021年，关于区块链的NFT、加密货币等新业态的热潮不断涌现。例如，NFT成为《柯林斯词典》在2021年度公布的热词中的第一名。值得一

---

① Statista是全球领先的数据统计互联网公司。

提的是，元宇宙、加密货币词汇也被列入榜单中；从2021年3月起，NFT和加密货币均呈极速增长态势，至2021年12月，NFT行业整体市值已超过100亿美元。加密货币与之旗鼓相当，市值排名前几名的币种一直呈大幅增长的趋势。其中，表现最好的是BNB，从2021年年初至今涨幅高达1551.61%。加密货币也备受主流投资机构青睐，全球多家投资机构表明，目前正投资于加密货币，未来还有增加加密货币配置的计划。

4. 全球各国央行发行 CBDC

CBDC是中央银行支持发行的一种数字货币。随着加密货币的流行热潮不断上涨，各国央行都开始紧锣密鼓地计划发行数字货币。

作为第一个发行CBDC的货币联盟中央银行，东加勒比中央银行（ECCB）在2021年3月发行了央行数字货币DCash。这股数字货币的流行风同时也刮到了安提瓜和巴布达、圣卢西亚、巴哈马、圣基茨和尼维斯、加勒比等其他国家和地区，在这些地方已全面实施数字货币的发行和流通。

在美联储、日本银行、英格兰银行和欧洲中央银行中，唯一没有承诺数字货币测试项目的是美联储。目前，以中国、韩国为代表的全球14个国家已进入了区块链通用数据库的测试阶段，正在为下一步全面启动做准备。

从整体发展趋势来看，近年来，我国政府在助力区块链发展的同时整顿虚拟货币交易市场，区块链注册企业数量持续增加。国家互联网应急中心"区块链之家"网站数据显示，截至2021年12月，区块链注册企业已到达9.36万，仍在持续攀升。

◎ 区块链产业发展的隐患

尽管区块链带有"保险箱""银行卡""身份证"的属性，但在元宇宙还未正式落地的情况下，头顶元宇宙标签的区块链技术的应用也会大打折扣。清华大学新媒体研究中心发布的《2020—2021年元宇宙发展研究报告》对此发表了相关看法，报告认为元宇宙产品距离大规模落地还有很长的路要走。科幻作家陈楸帆[①]也持有同样的观点，他认为没有一种技术或者一家公司可以满足构建完整元宇宙的全部需求，无论是单一应用或单一平台都无法满足，因为它需要来自庞大的运作系统和无数的基础设施的支持。

区块链发展至今，挑战与隐患并存。由于节点存储区块链的数据体积逐渐变大，其计算和存储负担也越来越重，这无疑增加了区块链客户端的运营难度。此外，区块链应用效率低的弊端也逐渐凸显。一次比特币交易需要确认6次才能完成，而且每次确认需要10分钟左右，完成全部过程要1个小时左右。这种效率的确不适合高性能的金融交易。诸如此类问题如果没有得到很好的解决，对区块链技术在元宇宙中的商业化发展会造成很大的影响。

伴随着元宇宙、区块链的兴起，随之而来的还有"区块链套路"和"元宇宙骗局"。

与区块链相关的企业越来越多，在大部分人还不知道区块链到底是什么的时候，一些企业便开始戴着元宇宙"区块链"的帽子收割用户的"韭菜"，滋生了多款诈骗游戏。例如，"X武神""殖民X星""农X世界"，它们都用元宇宙和"区块链"包装自己，号称"3天能回本""7天就躺赢"。实际上，它们和普通游戏无异，大多是网页版的2D游戏。除了链游领域，由于区块链技术的特征，链上犯罪的速度也逐步加剧，而且因为去中心化分布，身份藏匿容易，追踪变得极其困难。

[①] 陈楸帆，男，汉族，生于1981年11月30日，广东汕头人，毕业于北京大学中文系中国语言文学专业、艺术学院影视编导专业双学位，为中国更新代代表科幻作家之一，以现实主义和新浪潮风格而著称，被视为"中国的威廉·吉布森"。

　　总之，我们不能否认区块链在元宇宙中的重要作用，但也要认识到因区块链自身问题和大环境相互作用带来的安全隐患与风险。未来，会有更多国内外网络巨头相继涌入元宇宙，随着金融科技监管处置力度的加强，区块链技术在元宇宙中的商业化也会逐渐走向成熟。当然，这需要很长时间去发展和完善，我们拭目以待。

第 9 章

IP 型新消费场景变现：

游戏之外的新机会

当下，"90后""00后"成了消费主力军，他们更看重产品的品质、品牌，关注个性化服务，更习惯超前消费和线上消费。从现在流行的"游戏控""元宇宙""二次元"等时代标签中可以看出，新一代消费人群更喜欢新的消费场景，消费偏好变化很快。如今消费行业的新方向是 IP 内容 + 新场景 + 新消费，如果把 IP 作为基础，那么新场景则是拓展商业价值的路径，元宇宙时代将赋予新消费更大的价值。

9.1 元宇宙背后的文化消费价值

元宇宙概念爆火不是单纯的网红文化现象，而是传统文化与现代发展碰撞后迸发的新能量产物，背后体现了深刻的文化价值。如果未来企业打造的元宇宙品牌能在给消费者带来更多体验感的同时，使其在消费场景中感知更深厚的文化底蕴，那么这样的品牌就是真正的传统与现代的融合，也真正彰显了元宇宙赋予品牌的价值，有利于企业在变化的环境中重新打通人、货、场的商业闭环。

◎ 元宇宙重新打通人、货、场的商业闭环

从内容层面分析，元宇宙与电商的相似之处是，元宇宙也有"人""货""场"。"人"就是角色。"货"则是元宇宙里大量的NPC[①]创造并向我们传递各种体验感。进入游戏后，这些不同的体验就形成了"场"。

从消费层面分析，现在的年轻人（尤其是我们前文中提到的Z世代）显著的消费特征是并不在乎自己究竟有多少钱，而更在乎自己的游戏等级，或者是否观看了元宇宙演唱会。他们更在乎多元化的精神文化

---

① NPC是游戏中的一种角色类型，意思是非玩家角色，指的是电子游戏中不受真人玩家操纵的游戏角色。这个概念最早源于单机游戏，后来逐渐被应用到其他游戏领域。

层次消费。

从技术层面分析，以前人们的消费内容大多通过电视、电影、电报、报纸获取，这是一种单项输入。互联网时代的到来带来了内容之间的交互。到了元宇宙时代，用户就变成了一种生产要素。在这种要素基础上，元宇宙在数字技术的驱动下，改善了实体空间的消费场景，让虚拟元素与实体场景共享于一个数字空间，实现了虚拟世界与现实世界的链接，创造了强烈的虚实结合交互体验。

有了新的体验感以后，元宇宙通过VR/AR技术让内容呈现形式更加独特，再加上虚实结合的交互景观，激活了实体消费场景对顾客的吸引力，形成独特的吸客能力，并重新打通了整个商业闭环。未来，随着技术的迭代，现实与虚拟交融的界限将不断被打破，人们足不出户就能体验到更多的消费体验，颠覆原有的消费链。

◎ 用消费文化与年轻人做链接，新茶饮也能筑梦元宇宙

在其他品牌为寻找不到合适的代言人而愁眉不展时，"全球新茶饮第一股"奈雪已经官宣率先进入了新茶饮元宇宙时代。

很多人不解，一个茶饮，有必要如此大阵仗地投身元宇宙吗？究竟是炒作还是真正向其发力？

我们不妨一分为二地看待这个问题。其一，奈雪与当下最火的元宇宙话题相结合，精准掌握年轻人的心理，强化商品品牌力。其二，可以把奈雪的这个行动看作再讲一个故事，找一个新增量，从而进一步展开多元化布局。

1. 与年轻人连接，提升品牌影响力

此前，利用NFT营销的大多是知名品牌或国际大牌，NFT在国内处于

不温不火的状态。正因如此，NFT略显高端，具有唯一性与稀缺性，这种调性满足了"全球新茶饮第一股"的需求。当下年轻人酷爱潮玩与NFT，奈雪通过这种娱乐化的方式为消费者带去独特的体验。在这个日新月异的世界，消费方式与消费需求千变万化，不变之处在于愿意为"精神消费""体验"和"生活方式"买单，显然，奈雪深谙此道，恰到好处地掌握了消费者的心理。

2. 推出虚拟人IP，寻找新增量

实际上，除了打造品牌力外，奈雪的营销组合拳——"直播+盲盒+潮玩+数字藏品"模式也为其带来了不菲的收入，如图9-1所示。

图9-1　奈雪的营销组合拳（官方旗舰店截图）

2021年12月3日，奈雪开始了生日季营销，一口气站在了元宇宙、潮玩、盲盒、NFT的四大风口上。此时，奈雪数字藏品同时也是其品牌大使——虚拟人NAYUKI尚未真正"面世"，但奈雪已经开始"卖货"了。先是带着神秘面纱的虚拟人开启了一场直播，推出会员储值卡充100元得

150元的优惠活动，72个小时斩获GMV①近2亿元。倘若按照此前奈雪披露的门店月均100万元GMV来算，2亿元则相当于奈雪在全国80多个城市开700多家门店一周的销量。直到2021年12月7日，奈雪在庆祝其成立6周年之际，正式推出了官方IP形象NAYUKI，将营销活动推向高潮。

3. 讲好中国茶故事，打破新茶饮边界

就像韩剧中的浪漫故事一样，很多成功的创业者会将自己的创业故事做成品牌故事。

关于奈雪也有一段故事：当年一个女孩有一个开奶茶店的梦想，机缘巧合下结识了一位行业经验丰富的成功男士，获得了他的指导和投资，然而那位男士并不想做她的投资人，而是想娶她为妻。原来，她遇见的是一位"霸道总裁"。那位总裁直截了当地告诉女孩："如果你想开店，最好的办法就是做我的女朋友。"就这样，三个月后两人闪婚，并开始为了奶茶店的梦想共同努力，于是今天就有了以那个女孩的网名"奈雪"作为品牌名字的"奈雪的茶"。

尽管这段故事被不少人诟病"虚假"，品牌故事的真伪我们本就无从考证。但不得不承认，如此"浪漫"的创业故事对年轻的消费者而言是颇具吸引力的，尤其对那些同样有开一家奶茶店、花店、咖啡店的梦想的女性消费者吸引力更大。

在这个创业故事背后，是创业者关于品牌的定位。据创始人彭心描述，奶茶并不是欧洲人发明的，而是从前外国人到中国访问，广州的总督用奶茶招待了他们。结果外国人把奶茶带回英国并成了英国皇家流行的饮品。奈雪未来要做的事情就是通过布局元宇宙，让传统的茶结合现代的技术，以更便利、时尚的品鉴方式，让更多年轻人接受，同时将中国的茶文

---

① GMV（全称Gross Merchandise Volume），即商品交易总额，是成交总额（一定时间段内）的意思。多用于电商行业，一般包含拍下未支付的订单金额。

化发扬光大，从文化切入探寻品牌更大的价值。

当然，在新式茶饮这条赛道上，从来不缺乏竞争者的身影，如喜茶、蜜雪冰城等都是强大的对手。相对较低的行业壁垒和资本的青睐让这个行业的逆袭神话成了常态。奈雪的这套数字营销组合打法或许受用一时，但一定不会"一招鲜，打遍天"，这也注定了奈雪接下来面临的问题：随着竞争对手步步紧逼，即便到了元宇宙时代，这场关于中国茶饮的竞争也不会停下脚步。

9.2　爱奇艺：玩转内容IP+新场景+新消费

IP是英文"Intellectual Property"的缩写，直译为"知识产权"，在互联网界已经有所引申。

互联网界的"IP"可以理解为所有成名文创（文学、影视、动漫、游戏等）作品的统称。也就是说，此时的IP更多的只是代表智力创造的，如发明、文学和艺术作品这些著作的版权。

基于元宇宙时代的文化消费价值和新场景、新消费，爱奇艺玩起了内容IP。

首先爱奇艺推出了综艺节目《登场了！洛阳》，观众跟随该节目以青春的视角行走在古墓遗址，穿梭于龙门石窟，品尝传统美食，感受大唐礼仪文化。

都说"汉唐风华"看洛阳，洛阳魅力是舞蹈的演绎、美食的考究和历史的碰撞。当《洛神水赋》《唐宫夜宴》打开历史的闸门，大家都折服在"十三朝古都洛阳"的千年文化的魅力里。

正当观众欲罢不能、回味无穷时，2021年12月1日，爱奇艺又推出了华夏古城传奇剧《风起洛阳》，同时漫画《风起洛阳之腐草为萤》在线播出。而后电影、舞台剧、VR全感等逐渐落地，让观众在吃、看、玩、乐中充分感受到了华夏文明的魅力。

时至2021年年底，从某种程度上来讲，"洛阳IP"的上线代表着内容IP开发的路径正在改变，而爱奇艺IP宇宙的探秘，正在搭建出一条更生动有趣、更长远的元宇宙之路。

◎ 另辟蹊径，玩转内容IP+新场景+新消费

用户红利时代早已过去，视频行业竞争仍旧白热化。对于爱奇艺以输出内容为主的视频平台而言，无论格局如何变迁，打造自己的"爆款元宇宙内容IP"是立足之本。

2021年11月24日，"奇妙·新生LIGHT ON 暨2021爱奇艺授权商大会"向我们展示了正在布局的几大优质内容IP，以及未来如何布局消费。

1. 基于《风起洛阳》打造的"华夏古城宇宙"

图9-2　爱奇艺打造的"华夏古城宇宙"官方宣传图

爱奇艺立足于中国传统文化，打造了华夏古城宇宙的IP全景画卷，以年轻力量演绎古城风采，如图9-2所示。于2020年年底开播的《登场了！

敦煌》同样吸引人，被《光明日报》、新华网、《人民日报》等多家央媒争相报道。

除了华夏古城宇宙，还有大家耳熟能详的"潮流IP宇宙"和"迷雾宇宙"。

2. 基于迷雾剧场打造的"迷雾宇宙"

迷雾剧场中的高口碑作品有《沉默的真相》《隐秘的角落》等悬疑类短剧，长期霸屏热播剧榜。迷雾剧场品牌和单部剧彼此成就，其中，#迷雾剧场#等热播话题阅读量高达11.5亿，如图9-3所示。

图9-3　爱奇艺打造的"迷雾宇宙"官方宣传图

3. 基于 FOURTRY 打造的"潮流 IP 宇宙"

"潮流IP宇宙"以FOURTRY[①]为中心，集合潮人、潮货、潮场，搭建一条始于线上IP，到线下体验，最后到消费的商业闭环，拉进了年轻人之间的距离，让综艺内容不再流于表面的数据流量，而是让品牌和消费者产生情感连接，在拥有热度的同时还能保证"温度"。

图9-4　爱奇艺打造的"潮流IP"官方宣传图

---

①　FOURTRY是节目组自己取的潮牌名，由苏芒带领多位顶级时尚艺人，根据《潮流合伙人》系列节目孵化的潮牌FOURTRY的财富故事。

4. 基于儿童动画 IP 打造的"奇巴布乐园宇宙"

与儿童IP相关的奇巴布乐园宇宙正在强势崛起，爱奇艺早已意识到它背后的发展空间巨大。奇巴布乐园IP已搭建多年，包括《冰雪守护者》《音乐公主爱美莉》《无敌鹿战队》等内容，在多年累积下，爱奇艺持续完善亲子互动体验，搭建起了奇巴布小镇，如图9-5所示。

图9-5　爱奇艺打造的"奇巴布乐园宇宙"官方宣传图

纵观爱奇艺内容全盘，以IP构建新场景、连接用户，用衍生品撬动新消费，进一步致力于让内容IP与整个生态协同发展。元宇宙是爱奇艺拥抱年轻用户、促进消费增量的最佳时机。

爱奇艺若想将自己的内容IP推送到元宇宙中，就不能忽视当下的年轻消费者，他们多受自我愉悦和探索深层次的情感诉求驱动，因此内容也要具备元宇宙中的社交属性。"内容IP+新场景+新消费"进攻"买买买"是寻找共同话题、进入潮流圈层的有效途径。所以，越来越多的品牌开始和IP合作，希望利用品牌授权、跨界联名等多种方式快速打开市场。但打造一个爆款IP并非易事，至少要做到以下4点：

（1）有流量入口，能引起人们的关注；

（2）版权清晰，没有权益纠纷；

（3）IP独特的人格和内容元素多元化；

（4）厂牌化，放大厂牌化声量。

上述4点也是爱奇艺IP宇宙厂牌化①的优势所在，保证了在IP到新消费的路径中，用户的互动性强、覆盖面广且具有长期效应。只有深谙发展之道，打通关键条件，才能发挥出1+1>2的效果。

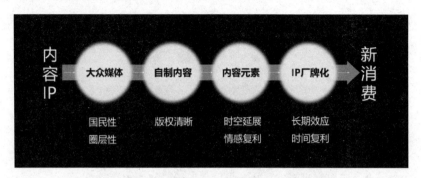

图9-6 爱奇艺结合新消费场景打造的内容IP

如图9-6所示，内容IP是价值的根本所在，爱奇艺已经建立了从内容端到消费端的贯通体系。从内容输出来说，爱奇艺不断创新，选取新的题材故事，例如《风起洛阳》中有很多关于南市的有趣场景，有关于爱、守护与坚持的故事，其中一些"梗"、内容常上热搜榜。

从技术赋能内容生产与运营全过程来看，爱奇艺不断提升内容创作效率和用户观感体验，并凭借技术优势，推出国内首个沉浸式虚拟线上演唱会产品"为爱尖叫"晚会、线上VR电影、"云演出"等，更是为《风起洛阳》做VR全境电影，进行内容二次开发，为用户带来身临其境的体验。

更有趣的是爱奇艺还做了线下体验的二次开发。为了打造IP沉浸式文化商业创新生态，以迷雾剧场IP为例，爱奇艺携手THE BOXX将迷雾剧场IP从线上延展到线下，推出"迷雾现场"，通过主题餐厅、贺岁短片、迷雾会员日等版块，将场景、内容、消费充分融合，为用户打造全新的内容

---

① 厂牌一般是指公司或工厂的品牌标识，常见的画面组合形式为标识加企业全称或简称,也有的加入企业介绍。在综艺节目中厂牌是指各地区的音乐人或团队代表。厂牌现在多指专业的唱片公司，属于专业术语，代表专业化发展。

场景，为行业注入新鲜血液。

可见，爱奇艺打造的IP宇宙有强大的优质内容为支撑，以IP为出发点把各种资源链接到一起，实现了从线上到线下、从现实到虚拟、从IP到商业的互通，赋予了内容IP更多价值。在此基础上，爱奇艺打造了一系列内容+产品+品牌+用户的消费服务场景，为视频平台的IP生态玩法提供了新范本，为视频内容多元化提供了新思路，为广告主和消费者提供了更立体化的服务。

当然，无论是爱奇艺还是未来的竞争者，在打造内容IP生态链这条路上不会总是一帆风顺的，也不是做出来的所有内容都会成为爆款。但我们相信，当爱奇艺或其他平台能够在元宇宙中为消费者提供一个全新的消费空间时，消费者才真正地受益于新的内容和场景模式，从现实到虚拟，从线下到线上，360°享受新文娱，感知新消费。

9.3　天猫：参与未来场景的数字化构建

生活处处是艺术，"橱窗"里处处是艺术的点缀。聚光灯下琳琅满目的商品吸引着来往的人们驻足，不舍离去。人们似乎能够透过晶莹剔透的玻璃橱窗，窥探到自己理想生活的样子。

可以说，橱窗的商业价值不仅体现在连接商品与消费者的纽带上，也体现在为商业与艺术的融合搭建桥梁上。

为了即将与大众亮相的上百个新款产品，2021年9月28日，天猫特邀几位资深艺术家帮忙设计产品展示空间——橱窗。在"天猫新光大道"的开幕式上，天猫邀请了多位嘉宾助阵，包括很多国内一线明星，以及前文介绍过的国内首个超写实数字人——AYAYI，如图9-7所示。

图9-7 "天猫新光大道"官方宣传图

从线下到线上，从现实到虚拟，阿里巴巴用自己的行动在展现着自己的想法和勾画。用艺术与商业无限的碰撞，用虚拟偶像为人们带来虚拟与现实相融合的完美体验，阿里巴巴已经在无形中暗示着人们，线上购物将是供人们娱乐消费的另一个世界的"大橱窗"。

阿里巴巴副总裁家洛说："艺术让人懂得、感受，新品让人体验、使用。商业与艺术的结合，在于体验一种新生活。"阿里巴巴正朝着这种数字化的新型生活方式探索与变革。

◎ 元宇宙商业的最终归途——生活方式

打开手机的购物软件，随意搜索浏览自己喜爱的商品，而后加入购物车下单完成，这一系列动作的背后，反映了人们的消费生活方式正在悄悄地发生改变。

近几年，很多企业赞同并不断践行着现任北京大学国家发展研究院BiMBA商学院院长陈春花提出的一种观点："无论从哪个角度谈商业哲学，最终我们必须回到它的本源上去，这个本源就是——保有生活的意义。"阿里巴巴也很认同这种观点。

目前，IP的商业化往往通过实物销售来实现，而天猫恰恰打破了传统规律，而是在"双11"用"橱窗"作为主题，以新品为媒介，将IP转化为数字消费的属性，把消费、文化、艺术、商业全部搬到线上的"大橱窗"中，让消费者体验与众不同的新品。

不仅如此，随着元宇宙概念的火热，消费者的需求在持续提升，此时天猫看到了新的机遇。

MMA–AsiaPaciic 发布的《开启元宇宙营销时代》报告中认为，元宇宙虽然是虚拟的，但不可否认的是，它为品牌带来的机会和创造空间却是真实的。线上虚拟体验和线下真实体验正在逐渐打破边界，虚拟现实的商业场景将成为人们消费生活的首选。

2021年4月，3D 版天猫家装城正式在天猫平台上线。对消费者来说，购物体验完全升级到了一个新高度，消费者可以在这个具有元宇宙概念的商城中实现云逛街，并可以随意搭建自己的虚拟购物空间。在虚拟的购物空间中，消费者还可以根据自己理想的生活进行布景搭配，以及从多个角度查看商品的详情和搭配效果。对商家而言，为了让消费者感受更好的购物体验，商家在上传多张商品的实物图之后，该平台研发的免费3D设计工具会利用AI技术自动生成高清货品模型，省去了摆放货品和清理货品的时间。

如此，阿里巴巴在"双11"前夕邀请AYAYI作为"橱窗"新品展示的嘉宾也就在情理之中了。她靓丽光环的背后隐藏的商业价值和模式不容小觑。AYAYI有可能带领消费者和商家进入全新的虚拟购物模式，使两者在虚拟空间中建立更多关联。

元宇宙商业的归途就是成为人们的生活方式。即便未来人们在数字技术、人工智能的影响下会发生天翻地覆的变化，但就电商平台而言，也应像阿里巴巴一样，从现在起步参与未来生活方式的创建。我们也许不能把现实世界的所有事物数字化，但至少可以将生活中某些场景数字化，这是值得期待的。

阿里巴巴的创新尝试为电商界树立了行业标杆，它对未来全新生活方式的探索还在持续。我们无法预测将来会变成什么模样，但可以确定的是，基于元宇宙概念的购物场景一定是无与伦比的。

9.4 "超级 IP"制造机：NFT+IP+盲盒

当人们在探索与NFT相关的游戏、潮玩、金融等领域时，国内外各大企业蜂拥而至，在此领域不停地挖掘NFT项目和平台的新玩法。

在NFT火热的同时，它也赋予了人们无限的想象空间。例如，在社交方面，NFT盲盒、头像等能够满足用户的收藏、转售、分享及展示需求。

盲盒是指消费者不能提前得知具体产品款式的玩具盒子，具有随机属性。这种诞生于日本的潮玩，最初名字叫mini figures，流行欧美后开始被称作blind box。[①]

◎ 赋予传统IP的全新衍生品：NFT+IP+盲盒

近几年，盲盒的火热让许多以盲盒经济为基础的公司备受关注。生产奥特曼盲盒的iBox便是其中之一。iBox是我国最早探索和开发数字藏品的平台。

---

① 定义源自百度百科。

2021年8月27日，iBox宣布发行第3期与知名IP联名的奥特曼NFT盲盒，仅用18秒就将上线的12000个盲盒全部售完，此后该款盲盒销售更加火爆，高峰时段可达上万人共同在线抢购，创下整个行业空前绝有的盛世。

我们不能否认，奥特曼盲盒等新业态崛起的背后是IP运营的结果，它们的核心优势就是围绕IP实现全产业链商业生态的闭环。

换句话说，IP就是盲盒的本质。国内企业在研发盲盒时通常有两种方式：一种是把原有的IP开发成盲盒，另一种是为做盲盒而去开发IP。产品的IP矩阵越丰富，品牌的知名度就会越高。

对类似于盲盒的文创产品来说，要想彻底打通全产业链闭环，企业除了需要实现后端的变现，还要在做前端IP内容上多下功夫，以凸显每个IP的价值观，这才是文创IP运营该走的道路。

IP不但具备长期的生命力，也拥有很大的商业价值。有价值观的IP才有灵魂，IP的价值主要体现在传播和记录上，它可以让人们看出一个企业的价值观。企业做盲盒时做的不只是产品，更多的是要表达价值观。但是有些企业常常本末倒置，在做潮玩或文创时是"为做盲盒而去开发IP"，虽然变现的速度加快了，但给同行做了不良的示范。

未来，打造超级IP的文创产品一定要将价值观对国家和社会的影响考虑在内，同时还要拥有强大的商业化变现能力。奥特曼盲盒的成功绝不是偶然，它凭借对IP产业链的重视加之在细节上的深耕才换来了"一鸣惊人"的业绩。目前，文创业内只停留在宣传IP的重要性上，在实践时还未真正达标。

NFT+IP+盲盒是赋予传统IP的全新衍生品。这种前所未有的新玩法在使经典IP重新充满活力的同时，也拓宽了IP生态业务链，让IP衍生品在未来拥有更多的可能性。从长远来看，NFT与IP的联合对两大产业发展都有相当大的益处，可谓"双赢"的最佳做法。

　　元宇宙时代的数字产品将以IP作为重要的属性。目前，很多拥有超级IP的公司已经走在了尝试对传统IP进行数字化开发的路上，它们的目的不仅是让这些IP被人们记住，还要提升IP的价值。元宇宙时代是数字文化繁荣发展的鼎盛时代，作为第三代互联网的文化标志，IP也将迎来新一轮爆发。

PART 4

正在发生的未来

第 10 章

从 0 到 ∞ ：
元宇宙的无限可能

很多人说，新技术的诞生总会为人们带来出乎意料的惊喜，甚至是惊吓。但无论是什么，或早或晚，该来的都会来。

自从 Roblox 于 2021 年年初上市的那一刻起，个人创业者与资本市场对元宇宙的兴趣持续升温。尽管元宇宙并非什么新概念，但它确实让我们在移动互联网的红利见顶之际，看到了"下一代互联网"之光。

关于元宇宙，所有的未来都值得被期待。

10.1 我们距离真正的元宇宙有多远?

人类距离真正的元宇宙还有多远?

很多专家、学者认为至少还有5至10年的时间。要想达到一个成熟稳定的元宇宙生态，甚至需要几十年或更久。在这种预判下，很多人开始质疑元宇宙有炒作之嫌。

客观地说，目前，元宇宙的完整宏观愿景都难以准确定义。我们今天看到的元宇宙也尚未出现科幻电影中的场景，但它的确正在改变着我们与未来世界的互动方式。

如果说人类此刻的元宇宙探索是以0为起点，那么元宇宙的未来则是∞（正无穷）。

◎ 未来，元宇宙的想象空间是无穷尽的

元宇宙为我们带来了一个更加开放、自由的新经济形态。例如，我们以前玩游戏通常是向平台付费，而在元宇宙里不但可以参与创造，还可以通过开发虚拟事物进行交易赚到钱，如虚拟房地产开发，在出租或出售后就可以带来经济效益。

在元宇宙的初始阶段，其实我们没有必要去纠结严格意义上的元宇宙到底是什么。正如在30年前你问别人什么是互联网，那时人们通常都是以

技术标准来阐述互联网的概念的。在30年前互联网开始盛行的时候，人们对互联网的认知通常是门户网站、搜索引擎、电子邮件。今天互联网的触角已经延伸到我生活的方方面面，订酒店、找餐厅、出门打车，几乎所有事情都要使用互联网。可见，基于互联网延伸的含义始终是处于变化中的。

同样地，今天我们所讨论的、看到的元宇宙还处于萌芽状态，几十年以后元宇宙的定义又将是怎样的，这其中的想象空间是无穷尽的。

例如，在疫情期间，我们与同事无法进行面对面的会议，而现在的视频会议沉浸感还不够。在元宇宙中，通过佩戴VR等设备，就会有身临其境之感，就像大家又围坐在一起进行面对面的交流。即便我们在国内，同事在国外，在元宇宙中也会感觉坐在同一间会议室里。如果大家觉得会议室的场景不够好，甚至还可以把会议室搬到海边。再如，你在健身房的跑步机上跑步，觉得枯燥无味，又听腻了音乐。在元宇宙里，你可以换成自己喜欢的场景，甚至可以邀请朋友实时互动。同样因为疫情，很多人无法去喜欢的地方旅行，但在元宇宙中可以到达任何有数字孪生的地方。总之，在现实世界做不到的事情，都可以搬进元宇宙里做。

当然，由于我们距离元宇宙还有一定距离，所以很多人关心的另一个问题便是，元宇宙到底是不是泡沫。回顾历史，其实世上所有具有颠覆性的技术革命，都伴随着一定的泡沫。例如，2000年是互联网的第一次泡沫，好几个公司90%的市值几乎在人们的谈笑间灰飞烟灭。然而，崩盘的只是互联网的资本市场，用户数却没有减少，反而随着技术的普及，互联网开始逐渐被大众认可和接受。

当新的技术或形态出现的时候，一时间人们对其未来所有的想象与贪婪都会集中爆发，产生泡沫也是正常的。但事物都有两面性，泡沫本身也未必一定是坏事。重要的是，在泡沫之后能沉淀出多少有价值的东西。

人类发展的历史本身就是由实入虚的过程，如电影一般，虚构不只是人类灵魂深处的冲动，更是人们对向往的未来的一种表达方式。美国伯克利加州大学埃利奥特社会学荣休教授罗伯特·贝拉（Robert Bellah）曾发表过这样一个观点，人类是一种不能100%在现实中生活的动物，他们总是需要通过各种方式和活动去超越现实。无论你是做梦，还是游戏、创作以及走进未来的元宇宙，其实都是为了超越现实，奔向更加美好的世界。这样的发愿即便最后没有实现也并不是一件坏事。至于这个美丽的新世界将在何时真正出现，我们不得而知。但随着技术、产品、功能的不断融合，未来无限接近真正元宇宙会在更多实践中得到验证，并随着时间的推移慢慢向我们走来！

10.2 元宇宙 + 对人类生活和社会经济有哪些影响？

既然我们所期待的元宇宙正向我们走来，那么它的到来对我们的意义是什么。这要从它对个人和整个社会的影响说起。

◎ 未来，元宇宙对个人和社会将产生哪些影响

从个人角度看，根据马斯洛需求理论，人类的需求就像一个金字塔，有低层次和高层次之分，如图10-1所示。最低层次的是生理需求，也就是首先要满足温饱，拥有最基本的生存条件，才会追求更高层次的需求，直至自我实现。

图10-1　马斯洛需求层次理论

未来，人类在第一层次的基本需求很可能在物理世界得到满足，而更高层次的需求则在元宇宙里得到满足。因为人类是有想象力与创造力的，当这种能力达到一定程度时，在物理世界就会受到种种限制，而元宇宙刚好为人类打开了一个没有物理束缚的新世界。

在农业社会，人们主要靠体力劳动；工业革命后，机械化生产逐渐取代体力劳动。在未来，像会计、律师这种文书或是技术性的工作，很可能被AI、人工智能替代。人们更需要的是创意类的工作，元宇宙就提供了这样的空间，让人们更好地发挥创造力、想象力，实现人生价值。

美国的科技评论家、Twitter博主Shaan Puri认为元宇宙不是一个空间概念，不是一个具体的地方，而是一个时间概念，一个时间点，代表人类历史发展的一个进程。当我们经历了这个时间点之后，会发现虚拟世界超越物理世界的更多价值。Shaan Puri发表的推文，如图10-2所示。

或许对你而言，在虚拟世界的数字身份比你在物理世界的真实身份更重要。尽管此刻这对大多数人而言无异于天方夜谭，但是如果你身边有区块链圈的朋友，你会发现这些人很多是相识于网络，互相知道对方的交易

Shaan Puri ✓
@ShaanVP

Hot take: Everyone is wrong about
the Metaverse.

here's my 3 part theory..

翻译推文
21年10月30日, 2:20 上午 · Twitter Web App

图10-2　美国的科技评论家、Twitter博主Shaan Puri发表的推文截图

历史和资产，可以说虚拟世界的他们对彼此知根知底。但他们并不知道对方在物理世界的真实身份，甚至不知道对方的电话号码，更不会见面。即便见了面，根据虚拟世界不成文的规矩，他们也不会轻易询问对方的姓名和电话。我们今天想象不到的世界，很可能在不远的未来就变成现实，因为元宇宙为我们的想象力提供了一个无穷尽的空间。其实，这代表人类的价值认同正在从物理世界逐步迁移到元宇宙。

从社会角度看，任何市场在发展到一定程度后，都会产生"内卷"①。例如，经营房地产，地球上可利用的土地有限，当所有的土地都开发完时，就会变成存量市场和零和游戏。别人市场多，你的市场自然就少了，如何做增量市场，挖掘更多的价值空间。这时就需要新的技术革命来改善现状，所以每次技术革命都为我们带来了"反内卷"的方式。例如，在元宇宙，由于土地是虚拟的，理论上可以无限开发，资产亦可以叠加。从这个角度而言，元宇宙为社会提供的是一个可以无限增长的引擎。

前几年，互联网+的概念火爆，随着互联网技术的普及，互联网开始覆盖我们生活的方方面面，无论是零售业，还是旅游业、通信业和娱乐

---

① 网络流行语，原是指一类文化模式达到了某种最终的形态以后，既没有办法稳定下来，也没有办法转变为新的形态，而只能不断地在内部变得更加复杂的现象。

业，都被互联网改变了。同样，未来元宇宙也可以对应元宇宙+的概念，并通过虚实结合逐渐改变现在的行业。

说到底，元宇宙的未来，并不是我们喜欢或不喜欢的问题，而是它正悄然到来，我们能做的只有拥抱它。

10.3　未来已来，什么样的人/企业会走得更远?

今天，越来越多的人知道元宇宙如一股疾风般到来，风口正盛。那么，什么样的人/企业能乘风而起，走得更远?

尽管我们对未来充满期待，但"馅饼"并不会从天而降，不走捷径就是我们通向元宇宙的最佳捷径。

◎ 不走捷径就是通向元宇宙的捷径

其实，在风口上并不全是盲目跟风的人。还有一群人，他们对元宇宙持乐观态度且坚持长期主义，既乐于讨论概念，也愿意埋头实践。他们不为名利，只为全身心地投入未来元宇宙的探索和建设中。他们是元宇宙发展不可缺少的人才，更是实干家。

小虎互联科技（以下简称小虎科技）是一家移动互联文娱科技公司，它打造了一个元宇宙娱乐社区类产品——分子社区。理论上，做娱乐社区的公司都有一套自己的逻辑。因为平台涉及"铁粉"和"黑粉"两个长袖善舞的派系，明星绯闻、八卦、炒作是聚集流量的"基本操作"。但据说小虎科技在欲打造元宇宙社区的时候，定位就十分清晰，它并不是要做下一个Facebook，而是要做对国家和社会有价值、有意义的事情。它要利用当前的技术优势推动行业的发展。

基于此，分子社区上线了两个独特的功能。

第一个功能——"内容查重"。

这个功能类似于发表论文、图书出版时的内容查重，用户可以在平台上全网搜索自己发布的所有内容的关键词的吻合度，从而判断自己的内容是否被盗用，或者在哪些网站重复发布，从而进行举报和维权。

第二个功能——"净化反黑"。

这个功能可以实现一键举报，并拉黑带有攻击性的恶意发布的言论和群体，让用户理智追星，避免相互攻击和谩骂，还原娱乐的本质。

在这两个特色功能的加持下，分子社区成绩不俗。在短短一年内获得1000万的真实用户注册数。在分子社区的基础上，小虎科技打造了"小虎hoo手游社区"，如图10-3所示。

图10-3　小虎hoo手游社区官网首页宣传页面截图

与Roblox相比，小虎hoo编辑器能让用户更加简单直接地创作内容，门槛更低。用户还可以通过内置的3D数据模版来创作游戏。

的确，用户在使用产品时的技术底座，以及用户在前期使用时的体验感，才是用户在元宇宙概念下，自由创作与发展的必要性。小虎科技虽然目前并没有太多涉及元宇宙的概念，但它始终致力于在未来整个元宇宙框架和布局下，创建无限接近元宇宙的新型社区。

企业未来将很快进入元宇宙基础设施的发展建设阶段，其中势必会有更多投资机会，本书中提及的元宇宙相关产业将进一步成为企业的"兵家必争之地"。在元宇宙中，用户的时间就是价值，谁能打造出超级平台，并能留住用户，谁就最有可能成为元宇宙赛道的霸主。这对各行业的竞争者而言，是巨大的挑战和诱惑。

虽然诱惑会越来越多，但元宇宙绝不是炒作的噱头、短期套利的工具，它是科技的最前沿，它的建成绝非一朝一夕之功，但属于实干家们的未来终将会来。

10.4　热门元宇宙下的冷思考

在互联网界流行这样一句话——"这个时代，我们不预测未来，我们创造未来"。

随着越来越多的企业进入元宇宙领域，元宇宙相关产业链呈指数级扩展，并且这种延展性很可能是无限的。

可以肯定的是，未来的最终局一定比我们现在设想得更加美好，也更加复杂。元宇宙最大的风险除了未来的不确定性外，法治文明建设与监管也是一大问题。元宇宙最理想的形态应该是一个无国界、无边界的开放互通平台，它不属于任何一家企业。很显然，这条路道阻且长。因此，在大热门之下，我们更应该未雨绸缪，冷静思考，而不是脑门一热就杀入元宇宙领域。

◎ 大热门下的冷思考

实际上，自2021年元宇宙的概念被扎克伯格带火之后，业界的隐忧与批评之声从未消减。例如，设备制造企业会不会通过元宇宙的设备窥探并采集用户的私隐，元宇宙过度的沉浸感和体验感会不会造成青年人更难以戒去"网瘾"，长期周旋于虚拟与现实之间的人是否会诱发肥胖、孤独症等身心疾病。此外，从现在人们的社会关系来看，大部分人对自己的位置信息、聊天记录都十分敏感，未必都愿意分享。

不难想象，当人类生存的意义逐渐向元宇宙迁徙，不法活动必然在暗处滋长，用户的隐私安全问题亟待监管部门防患于未然。要想解决此类问题，企业不妨沿着数字治理的思路继续思考如何解决上述问题。不仅如此，随着元宇宙的到来和发展，未来还可能产生一系列国与国之间的法治问题和挑战。当然，在这个过程中国际合作必然会加强，政府的监管能力、社会法制都会逐步提升。元宇宙与现实世界的碰撞和博弈，也是元宇宙从落地到发展成熟的必经过程。

迄今为止，虽然元宇宙还没有完全发展起来，就已经面临诸多问题，而未来理念和监管步伐都跟上来，我们将会迎来一个全新的、健康的社会形态。无论如何，目前来看元宇宙是我们能够看见的未来互联网的最新形态，因此元宇宙的相关产业和发展方向是值得我们共同去探索和挑战的，同时更要提高警惕。

在以色列科幻片《未来学大会》中，电影结尾以开放式收尾，曾名噪一时的女明星罗宾·怀特（Robin Wright）渴望自己在虚拟的世界再度获得成功，但在那个致幻似梦的元宇宙里，等待她的究竟是什么呢？

　　梦总是美好的，但过度沉迷美梦，只会带我们走入不可名状的、无法自拔的深渊。或许元宇宙就像一个信息茧房，令我们与世隔绝。倘若人类一味地沉迷于此，那些冲向太空、飞向火星的更伟大的梦终将破灭。

　　好在无论人类文明如何繁盛，都没有科学家能精准地预测未来，而我们到底想活在一个怎样的未来世界，决定权依然在自己手中，或早或晚，时间将证明一切。

　　正如刘慈欣在其著作《三体》中说的那样："给岁月以文明，而不是给文明以岁月。"